幽默
沟通学

甄知 编著

成都地图出版社

图书在版编目（CIP）数据

幽默沟通学／甄知编著. －－成都：成都地图出版
社有限公司，2023.7
ISBN 978-7-5557-2256-4

Ⅰ.①幽… Ⅱ.①甄… Ⅲ.①幽默（美学）－语言艺术－
通俗读物 Ⅳ.①H019-49

中国国家版本馆 CIP 数据核字（2023）第 126338 号

幽默沟通学
YOUMO GOUTONGXUE

编　　著：甄　知
责任编辑：杨雪梅
封面设计：春浅浅
出版发行：成都地图出版社有限公司
地　　址：成都市龙泉驿区建设路 2 号
邮政编码：610100
印　　刷：三河市众誉天成印务有限公司
开　　本：880mm×1230mm　1/32
印　　张：6
字　　数：130 千字
版　　次：2023 年 7 月第 1 版
印　　次：2023 年 7 月第 1 次印刷
定　　价：36.00 元
书　　号：ISBN 978-7-5557-2256-4

每个人都不喜欢枯燥乏味的交谈，科学地运用幽默，不仅能够活跃人与人之间的交往气氛，而且能够潜移默化地加深人们对语言的理解，从而有效地提升幽默口才的实效性。有学者研究表明，幽默感是成功人士应该具备的品格之一，幽默能帮助人们从无名小卒成长为叱咤风云的大人物，给他们的人格增添无限的魅力。

正如一位心理学家说的："幽默是一种最有趣、最有感染力、最具有普遍意义的传递艺术。"幽默不仅能体现出一个人良好的文化素养和丰富的文化内涵，还能折射出一个人的美好心灵。一个具有魅力的人能不赢得别人的喜欢吗？事实证明，幽默具有使人愉悦的神奇功效，在任何场合，幽默的人总会赢得他人的好感，获得众多的支持和理解。

幽默是沟通过程中重要的手段，它拥有神奇的魔力，能够让枯燥变得生动有趣，让平淡变得甜蜜美好，让深奥变得浅显易懂，让复杂变得简单明了。

一个谈吐风趣、幽默的人是很难被拒绝的。在他的幽默所营造的轻松愉快的气氛中，你在忍俊不禁时已不知不觉被他吸引，欲罢不能。

翻开本书，你就会看到幽默的人生智慧、技巧和方法，以及如何修炼成一名出色的幽默大师。本书旨在引导你善于发现生活中的幽默，帮助你学习和掌握生活中实用的幽默技巧。同时，从职场、家庭、人际交往等方面，结合生动具体的案例，详细地讲述幽默在现实生活中的独特魅力。读过本书后，希望你会成为一个受欢迎的人。

目录
CONTENTS

第一章　幽默是一种非常奇妙的沟通力　　　　1

幽默对人，笑容可以招来笑容　　　　2

在寒暄中注入幽默的元素　　　　5

幽默是交际中必不可少的润滑剂　　　　8

善于幽默，令你左右逢源　　　　10

幽默就是把快乐传染给别人　　　　13

幽默体现你的品位与格调　　　　16

幽默是梳理人际关系的法宝　　　　18

第二章　领略语言的幽默智慧　　　　　**23**

有意模仿，幽默自然来　　　　　24

断章取义的幽默学问　　　　　27

借语作桥幽默法　　　　　31

望文生义与谐音的幽默技巧　　　　　33

旧瓶装新酒的幽默法　　　　　36

急中生智，暗示中的幽默技巧　　　　　39

第三章 荒谬中尽显幽默技巧 **43**

荒唐中的幽默智慧 44

强词夺理的幽默效果 47

扩大荒谬，增强反差 50

歪解经典，制造幽默 53

歪理歪推的幽默感 55

别解词汇，奇妙歪理也幽默 57

荒诞的无厘头式幽默术 61

第四章　打破常规，幽默最忌公式化　　　65

用喜剧来表现悲剧　　　66

打破逻辑才能滑稽可笑　　　69

有创意的幽默才是真幽默　　　71

结局要出奇，达到幽默高潮　　　75

突破常规，反差制造"笑"果　　　78

妙用夸张，吹出来的幽默　　　81

第五章　为人处世，你要学点幽默　83

善用幽默，能方能圆　84

用幽默钝化他人攻击　89

顾左右而言他的幽默　92

自我调侃是一种淡定的幽默　95

用模糊语言说尖锐话题　98

遭遇尴尬时故说痴话　101

艰涩问题，避实就虚　104

谐音巧用，反贬为褒　107

第六章　人际往来，这样幽默最有效　　111

初次见面：幽默加深第一印象　　112

幽默公关，说服助你成功　　115

出乎意料：幽默应"话"而生　　118

玩笑自嘲：用谦逊赢得影响力　　121

以问作答：用幽默来应付对手　　124

有尊严的幽默才能征服人心　　126

淡定一笑：多点雅量面对嘲笑　　129

第七章　会幽默，就能办好难办的事　　**133**

幽默道歉，谅解不请自来　　134

活学活用的灵性让谐趣顿生　　137

顺势而语，幽默口舌巧做事　　140

以幽默为武器，变意外为常态　　143

直意曲说，圆融幽默易成事　　146

反向求因，乐观为人懂变通　　149

让脑子转个弯儿来补救失言　　152

摆脱两难问题的幽默术　　155

幽默做事情，保全他人面子　　157

第八章　幽默有尺度，恰到好处最得体　　159

避免幽默的误区　　160

别开没有分寸的玩笑　　164

幽默要恰到好处，玩笑要合乎分寸　　166

幽默有伤人的可能，玩笑也要有规则　　169

对不熟悉的人切勿乱开玩笑　　173

走出误区，享受幽默　　177

第一章

幽默是一种非常奇妙的沟通力

幽默对人，笑容可以招来笑容

　　某大学植物系有一位植物学教授，开的课虽然是冷门课程，但只要是他的课，几乎堂堂爆满，甚至还有人宁愿站在走廊边旁听。原因并不是这位教授的专业知识有多高超，而是他的幽默风趣风靡校园，使得学生们都喜欢上了这位教授的课。

　　有一次，该教授带领一群学生深入山区做校外实习，沿途看到许多不知名的植物，学生好奇地发问，教授都详细地回答解说。一位女同学不禁停下了脚步，赞叹道："老师，您的学问好渊博呀，什么植物都知道得那么清楚！"教授回头眨了眨眼，扮个鬼脸笑道："这就是我为什么故意走在你们前头的原因了，只要一看到不认识的植物，我就'先下脚为强'，赶紧踩死它，以免露馅！"学生们听了，个个笑得前仰后合，可见，这次实习之旅是一趟充满了笑声的愉快之旅。

　　当然，教授只是开个玩笑，幽默一下而已，这就是他广受学生欢迎的原因。

　　享誉全美国的十大销售高手之一——甘道夫博士曾说："销售是2%的产品知识和98%的人性了解。"美国《情商》一书的作者戈尔曼说："成功来自80%的情商和20%的智商。"可见，了解人性、善于沟通才是成功的关键所在，而作为沟通过程中的重要调节剂的幽默，自然不可或缺。我们经常会诧异为什么有人那么受人欢迎而有人却那么受人鄙弃。日本人际沟通高手福田建先生曾做过一个生活实验报告，他在其中提及："笑容可以招来笑容。"意思是说，当我们以笑脸对着别人时，别人也会以笑容回报，所以有人认为："笑是一种可爱的传染病，被它感染了不但浑身舒服，还快乐无比呢！"福田建还说："'笑脸迎人'不但是一剂人际关系的万能药，还是一剂最好的特效药。"请记住：常葆微笑、幽默对人，对人对己都是好处多多。

　　除了一张微笑的脸之外，受人欢迎还需要有一颗关心体贴别人的心。

　　曾经有一位病人因牙疼去看牙医，牙医看了看后说："这颗牙已经被严重蛀坏了，无法根治，需要整颗拔掉！"

病人问：“请问拔一颗牙要多少钱？”

牙医回答说：“600元。”

病人一听，大吃一惊地说：“什么？拔一颗牙只需短短几分钟，就要收600元！”

牙医笑道：“如果你要慢慢地拔也可以，我可以慢慢地帮你拔，拔到你满意为止。”

在适当的场合，幽默可以使你更容易让人亲近，上述牙医的幽默，一方面消除了病人对昂贵治疗费的不满，另一方面放松了病人的紧张心情。幽默可以使紧张的心情松缓下来，从而使你更受别人的欢迎。

在寒暄中注入幽默的元素

下面是一个典型的有关寒暄幽默的故事：

连续下了几天的大雨，某公司同事们见了面，一个人说："这天怎么老是下雨呀？"一位老实的同事按常规作答："是呀，已经6天了。"一位喜欢加班的同事说："嘿，龙王爷也想多捞点奖金，竟然连日加班。"另一位关注市政的同事说："天上的玉皇大帝忘了修房，所以老是漏水。"还有一位喜爱文学的同事更加幽默："嘘！小声点，千万别打扰了玉皇大帝读长篇小说。"

很多有幽默感的老年人很喜欢晚辈和他们开一些善意的玩笑。所以，当你刚出门遇见年老的邻居时，你就可以幽默地和他们寒暄一番，这样很容易就能和他们搞好关系。一般情况下，他们还会逢人就夸你会说话。

一个大热天，小王赶早趁天气凉爽去公司上班。她刚出家门，就看见邻居刘大妈在树荫下练腰和腿。她走过去神秘地对刘大妈说："大妈，这么早练功，不穿棉袄，小心着凉啊。"一下子使得刘大妈哈哈大笑，她笑着骂道："你这个鬼丫头！再不走，你上班可要迟到了，现在都9点多了。"小王一听，赶紧看看表，才7点半。看到刘大妈在那里得意地笑，才知道自己上当了。以后，刘大妈见到小王都主动和小王打招呼，逢人就夸小王聪明伶俐，还张罗着给她介绍对象呢。

很多时候，新近发生的大事件会成为人们寒暄的话题。因为，大事件是大家都关注的，人们可以从中找到共同的语言，可以避免在寒暄中因话不投机而导致尴尬。下面就是一个利用大事件在寒暄中制造幽默的例子：

某年，气候反常，快到夏天的时候，人们还穿着毛衣。很多熟人见面后的第一句话就是："气候太反常了，都过了农历四月了，天还这么冷。"可是，有一个幽默的汽车司机就不那么说，他见到同事李师傅的时候说："李师傅，这不又快立秋了，毛衣又穿上了。"他见到邻居张大爷的时候也会故意幽默地问："张大爷，您老也没有经历过这么长的冬天吧，到这时候了还这么冷！"恰好张大爷也是一个幽默的人，他笑着答道："是啊，大概老天爷最近心情不太好，老是板着一副冷面孔。"

每个时期都会发生一些吸引公众注意力、为公众所关心的事件，人们就可以利用它在寒暄中制造幽默效果。

现在人们的生活水平提高了，人们都喜欢以"夸别人富有"作为寒暄的话题，尤其是在农村，这种看似俗气的寒暄更是常常发生。其实，在寒暄中逗乐似的夸别人富有，也会收到很好的幽默效果。

李大娘午饭后恰好遇到大刚，大刚寒暄道："大娘，您吃过午饭了吧？"李大娘既然被称为大娘，自然年纪不小了，可是她整天乐呵呵的，越活越年轻，她回答说："嗬，还没吃呢。你中午吃什么好东西，也不请大娘我去吃。瞧，现在还满嘴都是油呢！"

李大娘幽默地夸赞大刚的生活过得好，她对大刚的假责怪显得亲切、热情，很自然地就拉近了与大刚的关系，也成功地塑造了自己平易近人、和蔼可亲的长辈形象。

幽默是交际中必不可少的润滑剂

美国心理学家赫布·特鲁说："幽默可以润滑人际关系，消除紧张，减轻人生压力，使生活更有乐趣。它把我们从个人的小天地里拉出来，使我们一见如故，寻得益友。它帮助我们摆脱窘迫和困境，增强信心，在人生的道路上知难而进。"所以，我们说幽默是一种十分奇妙的沟通方式，只要在一次沟通中融入了幽默的元素，那这次沟通就是令人愉悦的。幽默可以营造良好的沟通氛围，从而帮助我们解决生活中的一些难题。在日常交际中，一个卓越的沟通家或许不是最会说话的人，但是他们却善于运用幽默，通过幽默的表达方式让听众更容易接受他所表达的意思。幽默本身就有一种神奇的令人感到快乐的力量。

在日常交际中，幽默就像必不可少的调味剂，如朋友聚会、结伴旅行，当大家都感到疲惫或长时间静坐无语的时候，这样的气氛是让人感到沉闷和难受的。这时，假如一个充满幽默感的人说了一句笑话，一定可以改变当时的气氛，从而给人们带来快乐，让人们暂时忘记疲惫和烦恼。若是在朋友聚会中适当开个玩笑，那也可以营造一种活跃的气氛，让彼此的友谊更加长久。

众所周知，乱丢垃圾是一个让人十分头疼的问题，不过，荷兰的一座城市却采用了一个十分有趣的方法，从而使这座城市变得非常干净。这个城市曾采用增加罚金和加强巡视的方法，不过这样所起到的作用是很小的。后来，城市管理者想到了一个方法，那就是在垃圾桶上装一个录音机，让垃圾桶和那些乱丢垃圾的人"说话"。每当垃圾被倒入垃圾桶之后，垃圾桶就会说一段笑话，不同的垃圾有不同的笑话。这种方式吸引更多的人自觉地倒垃圾，当然，效果不言而喻。

类似的幽默在美国也有。在美国街头，当垃圾被扔进一些垃圾桶的时候，垃圾桶就会说："好吃，好吃，再给我吃点。"

幽默的神奇之处在于，当我们善于用幽默表达意见时，这些意见更容易被人接受，这样一来，彼此的沟通自然更加顺利。

善于幽默，令你左右逢源

有人说："幽默是心灵与心灵之间快乐的天使。"确实，幽默在日常交际中扮演一个可爱的天使。一个人若是拥有了幽默，那就拥有了爱和友谊。富于幽默的人，即便情况到了针锋相对的程度，他们的情绪也不会燃烧起来，而是像湖水一样平静。因为如此可人的品性，他们更容易交到朋友，更容易自由自在地游走于交际圈。

有一个光头，当别人说他"理发不用花钱，洗头不用汤"时，他当场就生气变脸了，使得原本比较轻松的气氛变得紧张起来。从这以后，别人看见他都不敢跟他开玩笑，身边愿意跟他说话的朋友也少了很多。

还有一位经常参加演讲的教授，也是一个光头，当他站在讲台上时，他说："一位朋友称我聪明绝顶，我含笑回答：'你小看我了，我早就聪明绝顶了。'"然后他指了指自己的头说："我今天演讲的题目是'外表美是心灵美的反映'。"就这样，这个光头教授开始了自己的演讲，而他那几句诙谐的话，使得整个会场充满了活跃的气氛。

在这两个案例中，同样是光头形象，但他们所得到的认可程度为什么不一样呢？原因在于前面一位光头先生缺少幽默感。在日常交际中，友善的幽默可以表达人与人之间的真诚、友爱，拉近人与人之间的距离，从而跨越人与人之间的鸿沟。我们可以得出这样的观点：幽默是一种和他人建立良好关系的可贵品质。

在日常交际中，幽默可以帮助我们表达很多东西。尤其是当我们想要表达内心不满情绪的时候，假如适时使用幽默的语言，别人听起来会觉得顺耳很多。当一个人需要把别人的态度由否定变为肯定的时候，幽默是极具说服力的。此外，当我们与他人关系紧张的时候，即便在一触即发的重要时刻，若是幽默一下，也可以使彼此从容地摆脱不愉快的窘境或消除矛盾。可以说，幽默是交际的润滑剂，可以令我们在交际圈子里如鱼得水。

当然，我们说"善于幽默"，并非只需要幽默就可以。幽默应该是高雅得体的，态度应该是谨慎和善的，幽默而又不失分寸，这样才能促使人际关系变得和谐融洽。因为幽默不但可以反映出一个人随和的个性，还可以显示出一个人的聪明、智慧以及随机应变的能力。不过，需要注意的是，幽默既不是毫无意义的插科打诨，也不是没有分寸的卖关子、耍贫嘴。我们在交际中所施展的幽默，既要入情入理，又要引人发笑，给人启迪。

在日常交际中，那些富于幽默的人，朋友也是很多的。因为幽默，你在初次与陌生人见面时就会给对方留下较为深刻的印象，这对于身在社交圈子的人而言是一件再好不过的事情，因为说不定哪一天你就需要求助别人。而且，富于幽默感的人是具备亲和力的，他们很容易与人相处，这样有助于建立和谐、持久、牢固的人际关系。

幽默就是把快乐传染给别人

世界著名时装企业家史度菲曾说："世界上最美妙的声音就是笑声，它比任何音乐都美妙。谁能使他的朋友、同事、顾客、亲人们发出笑声，那么，他就是在弹奏无与伦比的音乐。"活跃在各个社交场所，我们所要做的就是，不仅要自己快乐，同时还要把这份快乐传染给别人，这样我们才会拥有较好的人际关系。而幽默恰恰是让大家笑的元素，它可以为我们的社交增添光彩。假如我们平常的问候是一杯白开水，那带着幽默的问候就是一杯温暖的奶茶，令人眼前一亮，为我们的生活增添几抹光彩。

曾任美国总统的罗斯福年轻时体力比不上别人。有一次，他与人到波特兰去伐树。等到晚上休息的时候，他们的领队询问每个人白天伐树的成绩，有同行的人说："塔尔砍倒53棵，我砍倒了49棵，罗斯福使劲咬断了17棵。"

听到同伴这样说自己，罗斯福感觉很不好受，不过，他想到自己砍树确实和老鼠咬断树根一样慢，也忍不住笑了起来。

幽默不仅仅是几句妙语，还包括读懂别人的幽默。罗斯福本人不仅是一个幽默的人，他更懂得如何理解别人的幽默。幽默的人有宽阔的胸怀，他们能够很好地控制自己的情绪，就像一位诗人曾说的："忧伤来了又去了，唯我内心的平静常在。"听懂别人的幽默，在显示自己宽广胸襟的同时，也拓展了自己的社交圈子。

在一辆拥挤的公交车上，一位小伙子很客气地弯腰对身边的一位年轻时尚的女士说："车厢里人真多，请允许我为您找吊环扶手吧！"那位女士冷冰冰地回答说："不客气！我已经有吊环扶手了！"这时小伙子气喘吁吁地说："那么，请您放开我的领带吧。"

另一边，一位瘦瘦的小伙子在车上被挤得很无奈，不过，那些急着上班的人仍拼命地像沙丁鱼一样往车厢里挤，而汽车却迟迟不发动。车里的人开始对车门口阻碍关车门的人有意见了，而车门口的人也说了他们自己的理由。眼看火药味变浓，那位瘦瘦的小伙子再也忍不住了，大叫："别挤啦，再挤我就成相片了！"听到这样一句话，大家都笑了，伴随着笑声，车里的人也消了气，车门口坚持想挤进来的人也下了车，打算等下一班车。

　　一两句诙谐的话，使得原本紧张的气氛变得轻松起来，这就是幽默的力量。如果你还在担心社交、担心自己不受大家的欢迎，那不妨变得幽默一点。善于幽默，会令你成为快乐的天使，源源不断地将快乐传递给更多的人，从而使你的社交生活不再枯燥，因为幽默为你的社交生活增添了彩虹般的绚丽色彩。

幽默体现你的品位与格调

幽默有时是文雅的，有时是具有暗示作用的，有时是高级的，有时是低级趣味的。切忌在沟通中开低级趣味的玩笑并自以为是幽默。低级趣味的"幽默"一般是指讥笑，而一句普通的讥讽言语会让人当场丢脸，以致双方反目成仇。因此，在人际沟通中，一定要注意幽默的品位与格调。

幽默运用得当，可以使一个敌对的人哑口无言，还可以解除尴尬的局面、赢得别人的称赞。

人与人交往，总会发生些矛盾、误会和摩擦，这是难免的。但只要我们来点儿幽默，就等于在摩擦得发烫的齿轮中注入了几滴润滑剂，不会让齿轮碰得火星四溅。这是因为，幽默具有把人带出尴尬境地、用笑声化干戈为玉帛的特殊功能。幽默感是一种高雅而可贵的情趣，是智慧和感情的结晶，幽默思维是一种愉快的思维。具有幽默感的人，往往是乐观主义者，为人处世比较灵活，能比较容易地与周围的人，包括上司和下属，建立良好的人际关系。

或许每个人都有这样的体会，和幽默风趣的人相处，会觉得非常轻松愉快，气氛也很融洽。如果在开会，那么他会令枯燥的会议变得妙趣横生；如果朋友聚会有他在，那聚会就会变得更热闹；面对严肃的上司，他出语诙谐，使其拉长的面孔舒展开来；面对拘谨的下属，他妙语解颐，缓和其紧张的心情。假如是参与紧张的商业谈判，在激烈的讨价还价之余，来点儿幽默，将有助于协议的顺利达成。

幽默还可以使一个人摆脱困境，幽默语言可以像优美的歌曲，也可以像伤人的利剑。幽默机智的话能使人产生喜悦满足之感，令人久久难忘。因此我们可以说，幽默的作用之一是在无法令人满意的情况下使人产生满足感，保证情绪的稳定，不致说出刺人的言语或做出过激的行为。会心的笑有助于拉近彼此心灵的感受。在交谈中，只要你把对方逗得会心一笑，你们之间的感觉就接通了，心也就接近了。幽默的妙处就在于能缩短人与人之间的心理距离，让人们之间的交往更加亲近与和谐。

幽默是梳理人际关系的法宝

幽默是人际关系的润滑剂，能使激化的矛盾变得缓和，从而避免出现令人难堪的场面，化解双方的对立情绪，使问题更好地得到解决。美国作家特鲁说："当我们需要把别人的态度从否定改变为肯定时，幽默具有说服效果，它几乎是一种有效的处方。"他还讲道："幽默帮助你解决人际关系问题。当你希望成为一个能克服障碍、赢得他人喜欢和信任的人时，千万别忽视这种神秘的力量。"

有的人在与他人的合作中，听不得半点"逆耳之言"，只要别人的言语稍微有所不恭，他就会大发雷霆或极力辩解。其实，这样做是不理智的。这不仅不能赢得他人的尊重，反而会让人觉得你不易相处。所以，在与人相处的过程中，只有始终保持愉快的心情，谦虚、随和、幽默，这样才能让你和别人的合作更加愉快。

在严肃的交谈和例行公事般的来往中，人们往往是戴着种种假面具，似乎只能让人了解自己的外表，而无法探知自己的内心，这样的交流是极难深入下去的。没有心灵沟通的社交，不能算是成功的社交。幽默可以让人们看到你的另一面，一个似乎是本质的、人性的、纯朴的一面，这是人性的共同之处。

美国总统里根在母校校庆上致辞时曾嘲笑自己在校的成绩。他说道："我返回此地只是为了清理我在学校体育馆里的柜子……但获此殊荣，我的心情十分激动，因为我过去总认为只有得到第一名才是荣誉。"

里根的幽默在于，他并没有凸显自己作为总统的特殊地位，而是将自己放在和台下学生一样的平台上，从而拉近了与听众的距离，也显示出了自己宽广、博大的胸怀。

弗洛伊德讲过："最幽默的人，是最能适应的人。"的确，幽默能使我们在社交场合应付自如，用幽默来化解各种各样的危机和困境。

芬兰的一位建筑师说话很慢，记者采访他时，一直担心时间不够，万般无奈之下，记者只好说："卡尔先生，时间不多了，能否请您说快点？"建筑师卡尔听后，慢慢地掏出烟斗点上，懒懒地说："不行，先生，不过，我可以少说点。"

用幽默摆脱困境、回答难题、维护自己的利益、捍卫自己的尊严，而又不伤对方的感情，达到良好的效果，这是别的手段难以媲美的。有了幽默的法宝，你会发现社交中遇到的很多问题都能迎刃而解了。

可见，幽默的作用是多么神奇。在社交过程中，不管是遇到尴尬的场面和事情，还是面临着他人的刁难和指责，幽默都能将你从尴尬的境地中解脱出来，而且能让身边的人更深刻地了解和认识你，从而让你获得他人的信任。

在现实生活中，要获得成功，不可能完全依靠个人的单打独斗。成功的社交是每一个事业成功者必须具有的能力，而幽默则是社交成功的法宝。试着在你的社交中加入一点幽默的调料，你会发现自己的交际之路更加顺畅。运用幽默的力量，我们就能通过成功的社交，走上成功的道路。

某公司的销售部有个叫阿文的销售员，他年轻时候长过很多青春痘，因此满脸都是疤痕。一天，一个职员神秘兮兮地跟另一个职员说："嘿，给你看张图片，你猜是谁？"众人挤过来一看，原来是一块橘子皮。"你拿阿文的照片干吗？"

其中一个人喊。大家爆笑，于是，"橘子皮先生"就成了阿文的绰号。

阿文本人感到十分委屈，恼火万分。总经理实在看不过去，有一次更正道："我知道大家最近都说阿文是'橘子皮'，但就算真像也不能这么说啊，太不照顾同事的情绪了。我觉得，你们以后再说起他的长相时可以说：'阿文长得很提神。'"

真正具有幽默感的人能看到同事的优点，使自己对同事的行为保持乐观积极的态度，而不是着眼于同事的错误和缺点。身处职场，我们应该敞开胸怀去接受同事的缺陷，增进彼此的友谊。

某公司有一位爱喝酒的员工，经常会因喝酒太多而耽误工作。他的同事在对他的评价中这样写道："他这个人很诚实，忠于职守，而且'经常是清醒'的。"

通常，难看到同事优点的人在工作上不会十分顺利。在职场上做一个对同事宽宏大量的人，即使你同事的身上有这样或那样的缺点和毛病，只要这些缺点和毛病不会对公司的利益和你个人的发展构成威胁，不妨多给同事一些体谅和宽容。如果你善于体谅和宽容的话，那么，你就会看到同事身上的优点比缺点多，你也就能与同事更好地相处，你的工作就会轻松得多。

公司是一个讲究团队合作精神的地方，你必须有全局意识。如果你遇事不够宽容，那么给人的感觉就是你是一个目光短浅和心胸狭窄的人。这种只看重眼前利益的人在现代职场上不会有什么太大的作为。所以，在同事有缺点的时候，你不要尖酸刻薄地直接指出，而要采用一种幽默的方式，这样既容易被人所接受，也是对他人的一种尊重和礼貌。

其实在工作中，同事之间发生争执是难免的，有时还会搞得不欢而散甚至使双方心生芥蒂。发生了冲突或争吵之后，无论怎样妥善地处理，总会在双方的心理、感情上蒙上一层阴影，为日后的相处带来障碍，所以，最好的办法还是尽量避免冲突。

其实，人与人相处，最重要的就是彼此之间的尊重和礼貌。作为团队中的一员，我们或许更应该在与同事的相处中时刻保持一颗幽默的心。即使他人犯了错，存在缺点，也不妨幽默一下，或许这样能收到更好的效果。

第二章

领略语言的幽默智慧

有意模仿，幽默自然来

有许多为我们所熟知的语言，都可以被我们巧妙地拿来模仿，以收到幽默的效果。

当年张艺谋的《红高粱》一炮打响，影片中那首《妹妹你大胆地往前走》顿时传遍神州大地。小品《换大米》就有意模仿了这首歌曲，并对此歌进行了改写，赋予了它全新的内涵。

平时我们在与别人交谈的过程中，有意模仿别人说话，并有意夸大其中的可笑成分，也可以让身边的人都笑起来。

从前有个人叫张三，他好几天没洗澡了，身上都长了虱子。他正在人群中和大家说话，突然觉得很痒，就伸手在衣服里摸了一把，捏住了一只虱子，悄悄丢在了地上。

看见有人盯着自己看，张三就故作轻松地一笑，说：

"我还以为是只虱子呢。"

那个人走过来，把虱子从地上捡起来，拿到眼前认真地看了一会儿，然后笑道："我还以为不是只虱子呢。"

上文那个人对张三语言的模仿，就是很有幽默感的。他故意学着张三的口气来说，却在张三的原话中故意多加了一个"不"字，就形成了强烈的对比，使幽默的气息扑面而来。

比这种语言模仿更进一步的，是对别人话中所包含的思维方式的模仿。如果发现原话中有明显的荒谬之处，就可以模仿这种思维方式，引申出更荒唐的意思，使原话不攻自破。

有一年，某县大旱，有个农民向县太爷报告说灾情相当严重，请求减免赋税。

县太爷问："玉米收了几成啊？"

农民说："只有三成。"

县太爷又问："麦子收了几成啊？"

农民说："也只有三成。"

县太爷再问："那么稻谷呢？收成怎么样？"

农民说："可怜死了，还是只有三成。"

县太爷一拍桌子，吼道："大胆！明明有了九成的丰收，你却谎报灾情，该当何罪！"

农民一听，急忙辩解说："大人，我活了一百五十多岁了，还是第一次遇到九成的灾年。"

县太爷愣住了："什么，你是在胡说八道吧？你能活一百五十多岁？"

农民说："我今年七十二岁了，大儿子四十三岁了，小儿子三十八岁了，合起来不就是一百五十多岁了吗？"

县太爷怒道："大胆刁民，哪有你这样算年龄的？"

农民回道："青天大老爷，哪有你这样算收成的啊？"

故事中的县太爷计算年成，有意使用了荒谬的思维方式，农民也模仿着这种思维方式推算自己的年龄，与现实形成了极大的反差，幽默感自然就出现了。

断章取义的幽默学问

断章取义，指的是不顾全篇文章或谈话的内容，孤立地取其中的一段或一句的意思。也就是说，所引用的内容是与原意不符的。而用这种方法产生的幽默，就是通过对字、词、句等要素不恰当的判断，从而产生荒诞意义的幽默技巧。

为了真正理解什么是"断章取义"，我们可以从日常生活中常见的事情来认识一下。比如一些媒体很会对某个名人或者重要人物的话断章取义，以达到增加轰动效应、吸引读者眼球的效果。

一位大使被派驻纽约，记者们团团围住了他，并提出了一连串的问题。第一个问题是："您想去夜总会看看吗？"

大使心里想，他应该回避这个问题才对，于是他淡淡一笑，反问道："纽约有夜总会吗？"

第二天早晨，大使起床后看到报纸大吃一惊，只见报纸上登出了他接受采访的那篇报道，报道有一个非常醒目的标题："大使的第一个问题：纽约有夜总会吗？"

这就是典型的断章取义。每一个看到这篇报道的读者的第一反应可能都是吃惊、感觉好笑。从报道的标题中，人们很容易得出这样的结论：大使在询问纽约哪里有夜总会，看来这个大使也不是什么正经人啊！可事实上大使的意思根本不是这样的，而且恰恰相反，但就因为记者的断章取义，让人们得出的结论与说话人本来的意思大相径庭，甚至截然相反。

这种手法使用在幽默中，会因为对字、词、句等要素不恰当的判断而产生荒诞的幽默效果。

有一次，马克·吐温和主张一夫多妻制的人争论一夫多妻制的问题。

马克·吐温说："一夫多妻，连上帝也反对。"

那人问："你能在《圣经》中找出一句禁止一夫多妻的话吗？"

"当然可以，"马克·吐温说，"《马太福音》第六章第二十四节说：'谁也不许侍奉二主。'"

马克·吐温是个幽默大师，在这里，他使用的正是断章取义的技巧。很显然，"谁也不许侍奉二主"的真实意思和他所说的一夫多妻制是没有联系的，但是他巧妙地断章取义，将其附会于自己所说的问题上来，并且自圆其说，以此来佐证自己的观点，进而产生了幽默的效果。

断章取义的幽默技巧的关键在于能否荒谬断章，经过你的断章后所产生的意义与本义相差越远或越荒诞，就越幽默。它的目的性隐含于这种"断章"中，有时你也可以根据你的需要"恰当"断章。当你的需要由于你的"断章"而被表明或被满足时，幽默的情趣就油然而生了。

　　一个远近闻名的大吝啬鬼财主叫伊哈给他当雇工。

　　"好哇，可你给我多少工钱呢？"

　　"工钱？"财主眉头一皱，"我给你吃喝，给你住，给你穿，怎么样？"

　　机灵的伊哈眼珠一转就一口答应了下来，并写下契约。人们都为伊哈捏了一把汗，因为那个老吝啬鬼可恶着呢！

　　当天晚上，伊哈吃了些东西，躺下睡觉，一直睡到第二天上午十点钟还没起床。财主大发雷霆，跑来训斥他："喂，你想睡多久？我看你是发神经病了吧？"

　　"咱俩究竟谁发神经病呢？"伊哈说，"我吃了喝了，又住下了，现在遵照契约，正等着你来给我穿哪！"

吝啬的财主当然不会白白养活伊哈，无非是想用管吃、管住、管穿来抵消工钱而已，但聪明的伊哈用断章取义的手法，用幽默的智慧戏耍了吝啬、奸诈的财主。

断章取义的幽默技巧在日常生活中经常可以用到，只要断得巧、断得妙，开怀一笑之余，也会为沉闷的生活添上一抹亮丽的色彩。

借语作桥幽默法

借语作桥幽默法是指在交谈中，一方从另一方的话语中抓住一个词语，以此为过渡的桥梁，并用它组织成一句对方不愿听的话，反击对方。

作为过渡桥梁要有一个特点，那就是两头相通，且要契合自然，一头与本来的话头相通，另一头与所要引出的意思相通，直到天衣无缝为止。

英国作家理查德·萨维奇患了一场大病，幸亏医生医术高明，才使他转危为安，但欠下的医药费他却无法付清。最后，医生登门催讨。

医生说："你要知道，你是欠了我一条命的，我希望有价报偿。"

"这个我明白，"萨维奇说，"为了报答你，我将用我的生命来偿还。"说罢，他给医生递过去两卷《理查德·萨维奇的一生》。

　　萨维奇的幽默比向对方表示拒绝或恳求缓期付款要有趣得多。其方法并不复杂，不过是接过对方的同语（生命），然后对其进行歪解。把"生命"变成"一生"，显然，二者在内涵上并不一致，但在概念上能挂上钩，且达到了幽默的效果。

　　借语作桥幽默法的功能很多，不一定都用于斗智性的戏谑，也可用于一般性的调侃。其特点是抓住对方话头中的一个词语，构成一个无任何攻击性的句子。

　　"借语作桥"在于接过话头以后，你还要展开你想象的翅膀，敢于往脱离现实的地方想，往荒唐的、虚幻的地方想。千万别死心眼，越是敢于和善地"胡说八道"，越是逗人喜爱。

望文生义与谐音的幽默技巧

汉武帝到了晚年做起了长生不老的美梦。

一日上朝，他对群臣说："相书上说，一个人鼻子下面人中越长，寿命就越长。人中长一寸，这个人就能活一百岁，不知是真是假？"

东方朔听了这话，突然哈哈大笑起来。汉武帝大怒，喝道："你怎么敢嘲笑我？"

东方朔连忙跪下，恭恭敬敬地回答："我怎么敢嘲笑皇上呢？我只是在笑彭祖，他的脸太难看了。"

汉武帝惊奇地问："你怎知彭祖长得难看？难道你见过他？"

东方朔说："彭祖是上古仙人，我哪有福分见到他？但据说彭祖活了八百岁。如果真像皇上说的，他的人中就有八寸长，那么，他的脸岂不是有丈把长吗？"

汉武帝听了，也哈哈大笑起来。

东方朔不愧是智者，他利用幽默的语言，巧妙指出相书上的漏洞，同时也讽刺了汉武帝的荒唐，连正在发怒的皇帝也不禁哈哈大笑起来。

劳动人民在长期的生产劳动中创造出了丰富的语言。这些精妙的语言不仅为人们交谈提供了便利条件，同时也具有很高的审美价值，散发着永久的艺术魅力。语言表意的准确性、丰富性、形象性，也是其他任何事物所无法比拟的。

这种"望文生义"的方法不仅可以用于自我调侃，还可以用在别人身上，以达到讽喻他人的效果。直接指出对方的错误有时会伤及其脸面，在这种情况下，就可以将计就计，利用谐音来制造"醉翁之意不在酒"的效果，既不会伤对方的面子，又能显示自己幽默的魅力。

谐音是制造幽默效果的技巧之一，即利用词语的同音或近音条件构成双重意义，使字面含义和实际含义产生交叉。谐音双关，以语音为纽带，将两个毫不相干的词义联系在一起，可以制造出讽刺嘲弄的幽默效果。

辛亥革命后，皇帝虽被赶下了台，人们改呼"皇帝万岁"为"民国万岁"，以为从此天下太平。而事实却是军阀混战，贪官横行，民不聊生。于是，撰联大师刘师亮编出"民国万税，天下太贫"的对联。

此联的讽刺效果堪称一绝。确实，民国不能"万岁"，但却有"万税"；天下不太平，只有"太贫"。

将某种讥讽以曲折、含蓄的方式表达出来，使人领悟到其中深层次的含义。以这种方式代替直叙的表达方法，易被人接受，又引人思考。

在有些场合，相同意思的话用幽默的语言来表达，效果会大不同。在诙谐暗讽中声东击西，言在此而意在彼，更能巧妙地表达自己的想法，以达到说服他人的效果。但前提是对方至少要熟悉你所歪曲的经典的原意，同时能够明白你是故意歪曲的。如果你所面对的是一个理解不了这种表达的人，那么你的幽默就达不到预想的效果了。

旧瓶装新酒的幽默法

汉语中一词多义、一音多字的现象是十分普遍的，这就给幽默的引申提供了广阔的空间。我们可以把这些有一定关联的词语联系起来，从这个意思引申到那个意思，造成出人意料的结果。

我们都知道，在汉语中，同音字、近义词大量存在，多的有几十个，少的也有三五个。这些同音字、近义词给语言的幽默运用提供了巧妙的新方法。即使某两个字的读音完全相同，但字形、字义却相差很远，在严密的著作里和严肃的场合中，都是不允许混用的。但幽默恰恰不管这些，它可以仅仅根据字音的相同、字义的相近，就由这个意思自由地跳到那个意思上，以引申出全新的内容。

古时候有一个大财主姓朱，他本来是个很粗俗的人，却偏偏要故作文雅。他家新来了个小猪倌给他家养猪，他就特意把他家的规矩给小猪倌交代一番。

这套规矩是相当烦琐的，比如他的姓与"猪"同音，是不能叫的，应该叫成"自家老爷"；还有，"吃饭"要说成"用餐"，"睡觉"要说成"就寝"，"生病了"要说成"患疾"，"病好了"要说成"康复"，"人死了"要说成"逝世"，"人犯法被杀了"要说成"处决"，等等。总之，他要求小猪倌尽量说得文雅一些。

小猪倌把这一切牢记在心。第二天，猪圈里有一头猪得了瘟病，不吃不喝，小猪倌就跑去向朱老爷报告："不好了，有个'自家老爷'不肯'用餐'，不肯'就寝'，想必是'患疾'了，看样子只怕不容易'康复'，不如就把它'处决'了吧。"

朱老爷听得脸色铁青，半天说不出话来。小猪倌见他这副模样，就接着说下去："如果不想'处决'，要不了两天，'自家老爷'就会'逝世'了……"

在这则小故事里，小猪倌有意借用"朱""猪"字音相同的特点，把该用在人身上的词语统统都用在了猪身上，给予了故作文雅的朱老爷以辛辣的讽刺，使人不由得捧腹大笑。

有个皇帝有意抬高道教，压低佛教。于是，一个叫法静的和尚胆大包天，竟跑去见皇帝，明确表示反对。

皇帝大怒，将法静定为死罪，把他打入死牢中，并告诫他说："你开口佛法无边，闭口我佛如来，那好，我就给你七天时间，你好好去念佛，临刑时看佛救不救你！"

在这七天里，皇帝天天派人去牢里看法静是不是在念如来。回报的人说法静整天闭目静坐，口中念念有声，就是听不清在念什么。

第七天到了，法静被押上刑场，皇帝问："你的佛念得怎么样了？"

法静笑着回答说："这七天我没有念佛，天天都在念皇帝陛下。"

皇帝觉得很奇怪，就问为什么。

法静说："陛下就是我佛如来，我佛如来就是陛下！"

皇帝听了，顿时心花怒放，说道："好，既然如来就是朕，朕就是如来，那就赦你无罪吧。"

法静奉承的功夫确实相当了得，居然将皇帝与如来比作一体，既抬高了佛教，又吹捧了皇帝，既别出心裁，又机智幽默。

急中生智，暗示中的幽默技巧

办事少不了用嘴来说话，生活中总会有大量的话不可以直接说出来，需要用暗示来表达。于是便有含沙射影、巧妙暗示之说。其实，巧妙暗示也是一种幽默的方式。

所谓"才思敏捷，妙趣横生"，就是说人们在匆忙面对问话时，能够充分调动全身的智慧，寻求"急"中产生的灵感，以巧妙的暗示话语来产生令人信服的"智慧"灵光。

求人办事，如果你不便直接说出来，或者觉得说出来有损面子的话，不妨让脑子多转几个弯，把自己要说的话说得妙一些。语气曲折委婉，巧妙暗示，给所求之人下一个让他无法拒绝的"套子"，从而让你如愿以偿。

在求人办事的方法中，巧妙暗示是一种特殊的方式，指的是暗示者出于一定的目的，而采用一定的方法，含蓄、巧妙地向对方发出自己需要帮助的信息，以此来影响对方的心理，使对方不自觉地接受一定的意见、信念，并最终改变其行动。

一个小男孩站在低低的柜台面前，眼睛一直盯着一盒打开了的巧克力饼干。

"喂，孩子，你想干什么？"食品店老板跟他打趣道。

"哦，没什么。"

"没什么？我怎么觉得你想拿一块饼干啊。"老板说。

"不，你错了先生，我是想尽量不拿。"小男孩顽皮地回答。

此时，老板不禁被这个男孩的机智和可爱逗得哈哈大笑。于是，这位老板就送给男孩一盒饼干作为"嘉奖"。

在这个故事里，这个聪明的小男孩正是利用了一语双关、巧妙暗示的幽默技巧。小男孩本来馋得直流口水，想得到那块美味的饼干，但他并不直说，而是直话曲说，"实话"巧说，从表面上看似乎否定了老板的话，实际上等于将自己的意图变了个方式，巧妙地表达了出来。以这种方式表达出的请求，人们多半是无法拒绝的，这就是令人"防不胜防"的巧妙暗示幽默术。

在生活中，巧妙暗示的幽默总是可以给人们带来很多意想不到的好处。比如在求人办事时，大家应该注意的是：直话直说不是幽默，巧妙暗说才显得幽默无比；实话实说也不能算作幽默，将实话"虚说"才能称为上乘的幽默。幽默与现实生活通常只有一步之差，而问题的关键就在于你如何实现二者的巧妙过渡。

很多商场中人都是巧妙暗示的高手，他们总是可以借助这种幽默的方式来达到自己的目的。

费南度是一个犹太商人，在一次旅途中他遭遇歹徒，结果被歹徒抢得一干二净，没办法继续前行。他只好到附近教区会馆找到会长，请求会长给自己指点提供安息日食宿的家庭。

会长查看了一遍登记本，发现已经不能再帮他安排了。于是，会长遗憾地对他说："这个星期经过本镇的路人特别多，每家每户都安排有客人。不过，只有经营金饰店的老板修美尔家没安排客人，因为他一向都不喜欢接纳别人、为别人提供安息日食宿。如果你不介意的话，可以去尝试一下。"

费南度思考片刻，对会长说："好的，我有办法让他接纳我的。"于是，他很自信地向修美尔家走去。恰巧，修美尔从外面回来。费南度神秘地把修美尔拉到一旁，从大衣口袋里取出一个沉重的小包裹交给他。这时，费南度放低声音，对他说："砖头大小的黄金能卖多少钱呀？"

修美尔顿时眼睛放光，但已经到了安息日，安息日是不可以谈及生意之事的。修美尔心想：如果让他走了，他很可能去找其他经营金饰的同行，那岂不是失去了赚大钱的机会？这时，他对费南度说："这个东西一时难以估价！在这个安息日，你就住在寒舍，等到安息日后再谈吧。"

在犹太教里，有这样一个规矩，安息日期间，人们不可以从事任何谋生工作，更不能谈生意。

在安息日的这一天，费南度在这个金饰商人家里受到了热情而又周到的款待。可是，待安息日一过，修美尔就迫不及待地催促费南度把金子拿出来让他瞧瞧。

这时，费南度故作惊愕之状，对他说："咦，什么金子、银子呀？我只是想知道砖头大的金子到底值多少钱而已！"

从这里可以看出，费南度的"暗示"让对手上当的技巧真可谓高超。他在一个不谈生意的时候，问了一个似乎是生意上的问题，结果使修美尔把他的"随便问问"当作一宗大买卖。费南度利用这种巧妙的暗示，使对手心甘情愿地上了钩。

巧妙暗示是聪明人经常使用的手段。用另一种方式表达出你的意思，不仅能达到幽默的效果，还能让你由被动变主动，得到自己想要的结果。世界是无序的，任何事情的发生都是必然性与偶然性的统一。这就是说，生活中我们经常要面对一些突如其来的事情，让人不知所措。但面对"急"来的事情，我们如果能够沉着应对，急中生智，往往就能够收到意想不到的效果。

第三章

荒谬中尽显幽默技巧

荒唐中的幽默智慧

在生活中，有些人是很荒唐的，他们由于这样那样的原因，常常做出一些荒唐的事情，令人啼笑皆非，给我们带来幽默的感受。

有这么一则幽默故事是讽刺那些只会死读书、实际却一无所获的书呆子的：

古时候有两个秀才科考失利，只好失望地结伴回家。走到一座城池外，看到城墙垛口高低不平，两人顿时诗兴大发，其中一个吟出一句："远看城墙锯锯齿。"

另一个秀才听了，立刻摇头晃脑地接了一句："近看城墙齿齿锯。"吟完，两人不由得连声感慨，痛哭起来："天啊，以我们这样的高才，居然不能高中，考官们真是瞎了眼……"

两人正哭得天昏地暗，有一个农夫赶着马车从他们旁边经过。农夫问明缘由，又听了两人吟的诗句，蹲下身子，也大哭起来。

两个秀才一见，非常感动，想人家与自己素昧平生，竟然对自己给予如此同情，真是太难得了，自己还有什么好伤心的呢？

两人连忙上前劝解，就听农夫边哭边说："老天不公啊，我的地贫得种不下庄稼，急得到处找肥料，可眼看着你们两人装满一肚子的臭屎，我却没办法掏出来。"

看到此处，我们怎能不为故事中三人的荒唐而大笑不止呢。从两个秀才吟的诗中，我们可以看出，他们实际上都是大草包，书算是白念了，科举落榜正是他们的必然结局。但荒唐的是，他们偏偏自我感觉良好，认为自己是天下少有的奇才。农夫一眼看出了他们的草包面目，讽刺他们肚中装满了臭屎，却又想出了用这些臭屎给自己的地做肥料的荒唐主意，而更为荒唐的是，农夫还为这个主意无法实现而大哭起来。

我们都知道，这样荒唐的事情是不可能在生活中发生的，但苦读一世、一无所得的书呆子在生活中却是经常见到的。于是，故意让这种现象向荒谬的方向进一步发展，使这些人的荒唐在幽默中显得更彻底，荒唐到我们都无法容忍的地步，才能促使这些人尽快清醒过来，走上正常的生活轨道。

再看一个类似的例子：

有个农学院的学生毕业了，他兴高采烈地回到家乡，看见伯伯正在果园里移植果树。

于是他就故意卖弄自己的才学，告诫伯伯说："你没有看过书上是怎么讲的吗？这样移植是很不科学的。照这样干下去，如果这棵树能结出五个苹果，我就会大吃一惊的。"

伯伯像看一个外星人似的看着他，然后说道："吃惊的不光是你，还会有我呢，因为这是一棵桃树。"

农学院的毕业生居然分不清苹果树和桃树，却要以专家自居，对果农指手画脚，这是多么荒唐的事情啊。幽默就此产生，我们想不笑都不可能了。

强词夺理的幽默效果

在课堂上，物理老师问小明："打雷的时候，闪电和雷声同时发出，为什么我们却先看到闪电，后听到雷声？"

小明一下子懵住了，这个问题他可不会回答，这可怎么办呢？他灵机一动，突然想出了一个答案，就回答道："因为我们的眼睛都长在耳朵的前边。"

这样的回答自然是错误的，但却具有幽默的效果，使我们会心一笑。

在自己不知道如何回答的时候，或是在自己完全不占理的情况下，想出一个明显错误的答案来回答，就能逗得大家哈哈大笑，那么，自己就能摆脱困境。

有两个人外出游玩，他们走了很远的路，刚坐下来就看见一只蜗牛向他们爬过来，很快爬到了他们面前。

其中一个人看着不顺眼，就伸脚把那只蜗牛踩死了。

另一个人就问："干吗踩死它？它招你惹你了吗？"

那人说："当然招惹我了。这只蜗牛跟了我整整一个早上，要多烦人就有多烦人。"

这样的回答明显是在强词夺理，因为以蜗牛的爬行速度，是绝不可能跟随他一早上的。他的话与事实有强烈的反差，于是让我们感受到了幽默。

狄更斯到河边去钓鱼，钓了大半天也没钓上一条鱼，他非常失望。正在这时，有个人走了过来，而且还与他攀谈起来。

狄更斯丧气地说："今天运气真差，鱼就是不上钩。昨天我在这里时间不长，却钓上了十几条鱼。"

那人严肃地问道："真的吗？"

狄更斯肯定地点点头。

那人立刻掏出一个本子，说："我负责守护这片水域，这里是不许钓鱼的。如果有人私自钓鱼，就要受到处罚。"

狄更斯一下子傻眼了，但他很快想出了一个办法，就急忙辩解说："我叫狄更斯，是写小说的，你知道吧？我的职业就是虚构故事，刚才我又犯了职业病，向你虚构了一个故事，你千万别当真。"

狄更斯钓鱼违反了规定，他就强词夺理为自己开脱，把明白无误的事实说成是自己的虚构。但由于他紧密联系了自己的职业特点，故意把现实生活中的失误说成是职业病的重犯，因此也就具有了幽默的味道。

强词夺理，故意制造谬论，展现生活中荒唐的人与事，就会造成无理的情趣，带给我们强烈的幽默效果。

扩大荒谬，增强反差

对方说的话中有荒谬的成分，哪怕是显而易见的，我们也用不着急于反驳。直截了当地揭示出来，固然显示了自己的高明，但却展示不出幽默的情趣，严重的甚至还会伤及对方的颜面，造成双方关系的紧张。

在这种情况下，最高明的策略莫过于故作糊涂，先肯定对方的观点，然后再运用幽默的逻辑进行演绎，得出一个更荒谬的结论，让大家听了都捧腹大笑。

最初的荒谬也许并不那么显眼，甚至会被大家习惯性地接受，经过我们荒谬的演绎后，荒谬成分就会变得触目惊心，使大家无法接受了。同时，演绎后的荒谬与现实生活的反差会强烈百倍，幽默的效果也会显著百倍。

约翰到酒吧喝酒，问服务员："先生，喝一杯白兰地要多少钱？"

"在柜台上喝是四美元。"服务员回答道，"如果你在柜台旁边喝，交两美元就可以了。"

约翰说："看来，如果我到外面去喝，便可以免费了。"

服务员的话中有一定的荒谬成分存在，但却并不明显，能被大家顺理成章地接受。经过约翰的进一步演绎，荒谬成分就十分鲜明，变得无法令人认同了，而幽默感恰恰就在这种情况下出现了。

游客拦了一辆出租车，问司机："到火车站多少钱？"

司机说："12元，行李免费。"

游客说："请你把这些行李送到火车站，我自己步行赶去。"

司机的话是正常的，但却隐藏着我们所忽略的荒谬成分。游客把其中的荒谬成分加以演绎，使荒谬得以放大，就使人忍不住想大笑一番了。

在阿拉伯流传着这样一个幽默故事。

有一个农夫因一场官司而坐牢，可是播种季节就要到了，家里的地无人去挖，无法播种，农夫的妻子在家急得抓耳挠腮。

农夫想了一个主意，给妻子写了一封信："亲爱的，你千万不要告诉别人，在咱家的地里，我偷偷地埋藏了两罐金子。"然后，农夫请差役把信送给他的妻子。

几天后，妻子回信说："奇怪，两天前来了一群人，把咱家的地都挖过了，现在我已经播了种，请放心。"

农夫在万不得已的情况下写了一封荒谬的信，差役们信以为真，对荒谬给予了完全肯定，于是做出了更荒谬的事情，替农夫挖了地，解决了农夫的燃眉之急。

先有对方的荒谬，再有我们荒谬的进一步演绎，就把令人无法容忍的荒谬呈现在大家面前，与活生生的事实构成极其强烈的反差，使幽默的情趣无限生动地来到了我们身边。

歪解经典，制造幽默

　　歪解经典就是利用众所周知的古代或现代的经典文章、词句作背景，然后做出歪曲、荒谬的解释，新旧词义之间差别越大，越滑稽诙谐。

　　在导致荒谬的办法中，喜剧效果比较强的要算歪解经典，因为经典最具庄严意味，又多为人所共知，一旦小有歪曲，与原意的反差就分外强烈。

　　在我国，古典书籍多为文言文，与日常口语相去甚远，通常情况下，不要说加以歪曲，就是把它译成现代汉语的口语或方言，也可能造成极大的语义反差，产生不和谐之感而显得滑稽。比如，一首唐诗中写到一个男子为一个姑娘所动而尾随之，写得很有诗意。可是，如果把它翻成现代汉语的"盯梢"，不但没有一点诗意，反而显得很不正经了。又如，一个语文工作者把唐诗中这种轻薄青年翻译为现代汉语的"阿飞",就变得极其滑稽了,这是由于古典诗歌的庄重或浪漫的词义在人们潜在的、共同的意识中是相当稳定的,千百年来已经沉积在人们的潜意识之中。只要在语义上、风格上稍有误差,人们就十分敏感,以至在还没有来得及意识到为什么时,人们就可能忍俊不禁。

石董桶的故事很多,下面是他歪曲经典著作《孝经》的故事:

有一次,北齐高祖召集儒生开讨论会,会上辩论很是激烈。石董桶问博士道:"先生,天姓什么?"博士想到北齐天子姓高,因而回答:"姓高。"石董桶说:"这是老一套,没有什么新鲜。蓝本经书上,天有自己的姓。你应该引正文,不要拾人牙慧。"博士道:"什么经书上有天的姓?"石董桶说:"先生,你根本不读书,先生不见《孝经》上的'父子之道,天性也',这不是说得明明白白,天姓'也'吗?"

石董桶在这里歪曲经典的窍门是利用了"性"与"姓"的同音。特别是"也"在原文中是表示语气的虚词,没有任何实义,石董桶违反规律地把虚词实词化了,显得特别牵强附会,因而也就特别滑稽。

歪理歪推的幽默感

"谬上加谬"法是把一种荒谬极端化或者把荒谬性层层演进的幽默技巧。它要求不但要有幽默感，还要使幽默的程度加深。这就要求幽默家把微妙的荒谬性扩大为显著的荒谬性，把潜在的荒谬性外化为摆在面前的荒谬性。

我国古代有个笑话：

有个人非常吝啬，从来不请客。有一次，别人问他的仆人他什么时候请客，仆人说："要我家主人请客，你非等来世。"主人在里面听到了，骂出声来："谁要你许他日子。"

这里的主人绝就绝在明明来世请客是永远不请客的意思，已经表示了否定，但他却认为不够。因为从形式上来说，来世请客终究还是肯定的，还没有达到从内容到形式绝对否定的程度。在他看来，哪怕是否定请客的可能性，只要在字面上有肯定的意思也都是不可容忍的。正是这种绝对的荒谬产生了幽默感。

有一个古罗马时期的故事：

有一个人想要安安静静地工作，就吩咐仆人说如有来访者，就说他不在家。这时，有一个朋友来了，远远看到他正在家中。虽然他不相信仆人所说的话，但是他还是回去了。

第二天，这个拒绝接待客人的人去拜访他的朋友，他的朋友出来对他说："我不在家，我不在家！"

这个人大惑不解。他的朋友说："你这人太过分了，昨天，我都相信了你仆人的话，而今天，你居然连我亲口说的话也怀疑。"

这话真叫绝了。

强化幽默效果的方法除了把荒谬推到极端外，还可以将多种荒谬集中在一个焦点上，成为复合的荒谬。

"谬上加谬"法的特点是不管多种可能性，只管一直往荒谬的结果上推演。这样，歪理歪推才有强烈的幽默感。

别解词汇，奇妙歪理也幽默

实话实说是一种美德，可若谈话没有任何创新和变化，也就没有了奇情才思，听得多了自然就显得平平淡淡，让人感觉乏味。这时，我们可以尝试一下别解词汇，把一个看似平常的词汇衍生出奇妙歪理，以不变应万变。

需要注意的是，这里的别解词汇不同于多义词。汉语当中有不少一词多义的现象，但我们这里要说的是根据需要为词汇编造出新的含义。在特殊语境中制造新的词解，可以让谈话变得更有趣，也可以巧妙地回绝那些不想直接谈及的问题，甚至是回击某些恶意的攻击，可谓是一种十分实用的幽默技巧。

别解词汇往往很荒唐，但就是这种似是而非的荒唐，使谈话产生奇巧怪诞的谐趣，给人一种新奇的心理体验，更会惹得大家眉开眼笑。

一天，纪晓岚与和珅在后花园里喝酒聊天。正喝着，突然有一条狗从他们身边跑过。和珅明知是狗，却想趁机羞辱纪晓岚一番，便笑眯眯地问："是狼（侍郎）是狗？"

　　当时纪晓岚官居侍郎，他望着和珅那副神情，立即明白了和珅的用意。

　　"垂尾是狼，"纪晓岚用手朝地下指了指，又用手朝上做了一个捅的动作，大声说道，"上竖（尚书）是狗！"

　　纪晓岚说罢哈哈大笑。原来，和珅当时正好官居尚书。

　　在这里，纪晓岚与和珅都运用了谐音，把"是狼"与"侍郎"、"上竖"与"尚书"牵扯到了一起。这些词在意义上毫不相干，经过故意捏合就被赋予新的内涵，从而产生出幽默的效果。这两个人的玩笑开得聪明，开得诙谐，充分显示了两位机智的辩才。尤其是纪晓岚，在遭遇对方攻击时，能够迅速开动脑筋，把"上竖"与"尚书"连在一起，把皮球又踢回到和珅身上，让和珅哑巴吃黄连，有苦说不出。

　　要使用这种幽默方法，你就必须使大脑保持高速运转，要能迅速地跳出固定思维，为词汇编造一个幽默有趣的新含义，以表达自己的真正意愿。

　　普希金年轻时并不出名。一次，他前去参加公爵家的舞会，并主动邀请一位漂亮的贵族小姐跳舞。

贵族小姐见眼前是一个粗鄙的"乡下人"，便找了个借口，傲慢地加以回绝："对不起，我不能和小孩子跳舞。"

"对不起，"普希金说着，很有礼貌地鞠了一躬，"亲爱的小姐，我真的不知道您正怀着孩子呢！"

贵族小姐的原话本来是想表达"你是小孩子，我不能和你一起跳舞"的意思。但是，普希金感受到了来自贵族小姐的鄙视和轻蔑，便故意将这句话误解为"我怀有孩子，跳舞对孩子不好"，巧妙地嘲笑了贵族小姐的傲慢和无礼。生活中，我们常常听到表达含混不清的言语，只要在这上面稍做些文章，就能巧妙地制造出幽默的效果。如果对方的话语带有恶意，你更可以歪曲对方的原意，做出有利于自己的解释，便可委婉含蓄地反击对方。

别解词汇的幽默，非常考验谈话者的思维能力。你不能把思维停留在词的原意上，要能突破固定的思维或者打破常规，创造出别开生面的新词义。如果你天生并不具备幽默感，就需要在后天的不断学习中加以锻炼，以增强你的人格魅力。

打个比方，有个讨厌鬼整天到你家蹭饭，给你的生活增添了许多麻烦，你该怎么回绝他？如果你不想直接拒绝，不妨尝试问："隔夜饭你吃吗？"如果对方说吃，你就可以让他明天再来了。因为隔夜饭在你这里并不指"剩饭"，你已经根据需要给它赋予了新含义。

类似的曲解方法还有很多，譬如监考老师的经典语录：同学们，今天的考试你们要实行"包产到户"，坚决不许走"共同富裕"的道路。这句话的妙处在于它并不直言考场纪律，而是为农村改革中的两个专业词语编造了新词义。"包产到户"被曲解为"自己答自己的卷子"，而"共同富裕"则被曲解为"相互帮助"。"包产到户"和"共同富裕"与考场上紧张严肃的气氛格格不入，形成强烈的反差，由此产生了非常强烈的幽默效果，使考生的紧张情绪也随之得到缓解。

总的来说，别解词汇的幽默方法并不很难，但你在别解词汇时，应该让人感到你是在故意曲解词义，否则就不会产生这种强烈的幽默效果。

荒诞的无厘头式幽默术

你可曾看过《大话西游》？这部电影有这样几句经典的对白："曾经有一份真诚的爱情摆在我的面前，但是我没有珍惜，等到失去了的时候才后悔莫及……如果非要把这份爱加上一个期限，我希望是一万年！"

或许，周星驰自己都料想不到，他的"无厘头"竟然成了20世纪末出现的重要词汇之一。从上文那句经典对白开始，他的"无厘头"就成了那个年代的年轻人追随的挚爱。

那么，到底什么才是无厘头呢？其实，无厘头原是广东的方言，意思是言语、行为等没有来由或没有意义，让人莫名其妙。虽然无厘头表面上显得有些难以理解，让人忍俊不禁，但根本上却蕴含着深刻的社会意义，说话者透过玩世不恭的表象来揭示事物的本质所在。

荒诞而幽默，就是一种有别于笑话的无厘头式幽默。

无厘头式的幽默跳过了种种条条框框，以诙谐逗趣的方式暗示事物的本质，达到明辨是非的目的。正因为如此，无厘头式的幽默常被用在争论中，可以发挥出让人无法反击的巨大威力。

1946 年 5 月，远东国际军事法庭审判以东条英机为首的日本甲级战犯，参与国的法官们曾因法庭座次安排展开过一场激烈的争论。中国法官理应坐在庭长左边的第二个座位，可是由于当时中国国力不强，因此其他几国的法官都不同意。

在这种情况下，出庭的唯一一名中国法官梅汝璈微笑着反驳说："如果各位不肯按日本投降时各受降国的签字顺序入座，我们不妨找个体重计来，然后依体重排座次，体重重者居中，体重轻者居旁。你们若认为我不该坐在庭长的边上，可以另派一名比我胖的人来换呀。"

各国法官听了全都忍俊不禁。

在举世瞩目的国际法庭上，法官的座次按体重来排定，这岂不是天大的笑话！梅汝璈正是用这样无厘头的对话，嘲讽了那些践踏国际公理的丑恶嘴脸。如果你正与人发生争论，别急着反驳对方，不如像梅汝璈那样舍弃锋芒毕露的语言，给对方一个无厘头式的幽默，不仅风趣含蓄、诙谐生动，而且反驳的效果也会更好。

一位美国绅士到咖啡馆喝咖啡，正喝着，突然在咖啡杯里发现一只死掉的苍蝇。于是他招呼服务生，和颜悦色地对他说："你好，虽然我觉得给颜色单调的咖啡点缀一下很不错，但你可以把咖啡和苍蝇分开放，让那些喜欢的人自己添加，添加多少自己随意。你觉得这个主意怎么样？"

从这句话的字面意思来看，苍蝇似乎成了类似于奶油、方糖一类的食材，可以依据个人口味自行添加一样。可事实上，苍蝇根本不能吃，这位绅士这番让人摸不着头脑的话其实是要告诉对方："哦，天哪，我的咖啡杯里有苍蝇！"再往深一点儿挖掘，他恐怕是要和对方说："你们的咖啡馆到底有多脏？亏我这个老客户喝了这么多年！"这样的幽默非常难得，既可以有效凸显修养，又能解决实质性问题，很值得我们大家效仿。

无厘头式的幽默既可以严肃也可以轻松活泼，只要你拥有积极乐观的心态，时时刻刻都可以无厘头。

当你内急冲进洗手间时，忽见朋友从洗手间走了出来，慢条斯理地和你寒暄："你去哪边呀？"其实答案显而易见，这样的问话纯属废话。这时，你倒也不妨无厘头一把，笑着跟他说："去金边呀！"

这回答同样也是废话，但以废话应对废话，这不是恰到好处吗？

当然，无厘头式的幽默仅仅只是搞笑、逗乐可不行，真正的无厘头式的幽默应该带有一定的批判性。你的表述可以很荒诞，但应该有内容。比较容易操作的方法就是专注于对经典的颠覆与重构，对不合理事物的讽刺与揶揄，你可以正话反说、正题反解，甚至以荒唐显荒唐、以悖谬释悖谬等，都可以达到这一目的。

第四章

打破常规，幽默最忌公式化

用喜剧来表现悲剧

所谓黑色幽默，实际上是一种用喜剧形式来表现悲剧内容的幽默。

黑色幽默兴起于 20 世纪 60 年代初。1961 年，美国作家约瑟夫·海勒出版了一本惊世骇俗的小说——《第二十二条军规》。此书一出版就受到美国读者的广泛关注。随着这本书的流传，"黑色幽默"一词也家喻户晓。黑色幽默是作为一种文学流派而存在的。在这里，我们把它当作一种幽默的形式、一种幽默的技巧。

黑色幽默是一种与传统幽默不同的幽默。传统幽默比较明朗、乐观，往往针对别人，而黑色幽默则显得忧郁、心酸、绝望，往往是自我嘲讽。黑色幽默中的人物和事件几乎都是荒诞不经的，生活中不可能存在。而且，黑色幽默总是"面带笑容"地讲述人物被残酷命运捉弄的烦恼。它是在用貌似轻松达观的口吻来表现最无可奈何的心理和情绪，它虽然在笑，但却是一种"使道德的痛苦发展到滑稽的恐怖，使事情荒谬到令人发笑的程度"。这种笑是痛苦的笑、恐怖的笑，是对荒谬现实的认识入木三分的笑。换言之，黑色幽默是一种"大难临头时"的幽默，或者更传神地说，是"绞刑架下的幽默"。

且看下面的例子：

> 在一个对死囚执行公开绞刑的日子里，绞刑架旁聚集了大批观众，可是却不见死囚犯被押来。监刑人、刽子手和周围的人都等得不耐烦了。终于，狱卒押着囚犯来到刑场，囚犯看见人们焦急贪婪的目光不禁笑了，得意地说："没有我，你们什么也干不成。"

这种幽默就是典型的黑色幽默。

> 海勒在黑色幽默的代表作《第二十二条军规》中这样描写第二次世界大战中的伤兵：
> 清澈的流体从一个洁净的瓶里输入他的身体。从腹股沟敷石膏的地方伸出一根固定的锌制的管子，接上一根细长的橡皮软管，他的肾脏排泄物就是通过这根管子一滴不漏地流入放在地板上的一个洁净的封口瓶内。等地上的瓶子满了，

从胳膊肘输入流体的瓶子也空了，于是这两个瓶子很快地互换位置，使瓶里的排泄物又重新注入他的身体。

这里写的不是即将走上绞刑架的囚犯，而是一个伤兵。对于伤兵的痛苦与不幸，作家用如此残酷的欣赏性的笔调来描写，确是罕见而特殊的。但正是这种特殊的幽默笔调起到了特殊的效果，它在苦笑中揭露了第二次世界大战给人类带来的痛苦和不幸，它在幽默诙谐中表达了作者的愤怒与厌战的情绪。

打破逻辑才能滑稽可笑

　　词语混搭可以运用到幽默中来。任何一个字、词都有其本身的含义，而要明确表达意愿，就要用心搭配。简单常见的词只要搭配合适，放在合适的语境中，就可以锻造出完美的句子。这个道理和穿衣混搭是一样的，穿着漂亮不在于单品是如何大牌、如何昂贵，而在于款式、质地的和谐，以及最后的上身效果。当我们要创造幽默语言时，也可以尝试突破原有的搭配，这样就可以使平平常常的句子瞬间产生令人捧腹的幽默效果。词汇混搭是最常见的语言幽默法，只要你不拘泥于文字搭配的条条框框，就可以独具匠心地创造出属于自己的幽默。

　　比如幽默大师老舍在他的《赵子曰》中，就经常把不相干的两个词故意搭配在一起："他后悔了，他那个'孔教打底，西法恋爱镶边'的小心房一上一下地跳动起来。"很显然，这里的"孔教打底，西法恋爱镶边"就是一种插科打诨的混搭。这一不协调的搭配反而形象鲜明地表现出主人公矛盾的心态，这比许多其他现有词汇都要幽默得多。美国著名文学家特鲁·赫伯也做过类似的混搭。譬如，当年轻人坐在高高的城墙上谈恋爱时，他便称之为"陡峭的爱情"。陡峭和爱情十分不搭，但这种创造性的混搭却与当时的情况十分贴合，把作者的想法形象生动地展现出来，并赋予了一定的幽默效果。

当然，我们已经习惯按照正确的语言逻辑说话，但偶尔也可尝试打破逻辑，进行词汇混搭。譬如，你是个笨手笨脚的老公，一不小心打碎了杯子，妻子气得对你张牙舞爪、怒目而视。这时，你不妨满脸堆笑地对妻子说："老婆快别生气了，看我给你气得，真是心花怒放啊！"生气和心花怒放是两个截然相反甚至互相矛盾的词汇，被你这样强行扭到一起说出来，反倒产生了一种不伦不类、正反跌宕、滑稽可笑的幽默效果。妻子听了这话，一定笑逐颜开，不忍心对你发脾气。当然，要制造这种幽默，你还得练习词汇的运用，虽然是生硬搭配拼凑的，但仔细推敲应该有意义上的关联。此外，应该注意两个词汇之间要有差异，差异越大，效果就会越明显。

有创意的幽默才是真幽默

　　幽默需要有创意，有创意的幽默才是真幽默。其实，生活中到处都有创意的好题材，例如做幽默演讲的时候，将一些人生哲理用浅显、幽默、押韵的句子说出来，多半能够达到良好的"笑"果。讲到"笑声"的重要性时，就说："每天都要满面春风，走路才会有风，身体健康，事业才会赶快成功。"讲到"自我肯定"时说："一棵草一点露，天无绝人之路，有风就有雨，有路就有步，有学习就有进步。"创意的语言是生活诸多创意中最有力的题材，最能让人印象深刻、感同身受。

　　美国某大航空公司为了"到底要不要将最新型的喷气引擎装置在逾龄的'老母机'身上"，特别召集了一批顶尖的工程师前来开会讨论。

会中论辩激烈，正反意见呈现两极化，赞成的人认为这样可以提高飞机性能、节省油料、降低噪音等；反对的人则认为飞机实在是太老旧了，装上新引擎反而浪费。正反双方激辩了半天还得不出个结论来，这时候，主席清了清喉咙说："这些老母机就像是老马，替老母机装新引擎，就好比替老马钉新掌，虽然有可能浪费，也有可能不浪费，但无论如何，老马一定会觉得相当高兴。"

会场上顿时哄堂大笑，人人笑弯了腰。会议的结论也出来了：将老母机换上新引擎！

人跟人之间有很多难解的"习题"，但只要"幽默"一端上桌，大家就又可以把酒言欢了。

有一次，一大帮记者跟随美国总统约翰·肯尼迪搭乘"空军一号"专机到某个地方去视察。飞行途中，肯尼迪与随行的记者们闲聊着，忽然有一个记者提出了个相当尴尬的问题，他冒失地问道："总统先生，如果现在飞机突然失事坠毁的话，您看会有什么后果？"愉快的气氛顿时僵住了，众人一时面面相觑，不知道如何处置。

这时，肯尼迪慢条斯理地说："唔，会有什么后果我不知道，不过有一件事情我绝对可以确定，就是明天早上的报纸一定会刊出你的大名，只不过，字体会很小。"

他高明地丢出了一个幽默变化球，不但化解了尴尬，还修理了唐突的记者一顿。

幽默的佳肴，如果再加上"智慧的佐料"，就更上一层楼了。

一位大老板买下了一座美丽的大花园，占地非常广，他预计要雇用12位园丁来照顾花园。登报招聘后，应征信件如雪片般飞来，总共有数百封之多。

大老板让执行秘书全权负责这件事，秘书经过初步筛选后，通知了50个人前来面试，并交代他们将平日穿的工作裤一并带过来。

面试当日，由执行秘书担任主试官。进入考场，只见执行秘书不发一语地看了看应征者，再翻一下他们带来的工作裤，就打下了分数。

录取的12个人被通知来上班了，他们在工作间窃窃私语，最后实在忍不住好奇心，推派代表跑去问执行秘书："到底是什么原因能够被录取？"

执行秘书笑着回答说："没什么，我主要是看看工作裤上有没有补丁？还有补丁的位置在什么地方？你们的补丁都在膝盖上，所以我就决定录用你们。如果补丁是在臀部，我是绝对不会录用的！"

许多人最近都在减肥，明明已经很瘦了还要减，这时候我们可以告诉他们，不论高矮胖瘦，自然才最美，高的人叫作"顶天立地"，矮的人称为"脚踏实地"，胖的人是"心安理得"，瘦的人就"理直气壮"，高矮胖瘦皆大欢喜啊！与人相处时，只要拿出诚意、展现创意，那么你的幽默肯定能够博得人们的开心一笑。

结局要出奇，达到幽默高潮

幽默的结局必然是异峰突起、出奇制胜，与开始的平淡形成强烈的对比，成为谈话的高潮部分，给人留下极其深刻的印象。

欧·亨利的小说就常常采取这种方法，比如在《警察与赞美诗》一文中，那个流浪汉为了过冬，想方设法地犯罪，以便被送入监狱，但却无法如愿，谁料就在他决心悔改的关头，却出人意料地被警察抓进了监狱。

这样的结局与开始的铺垫形成了很强烈的对比，成为整个故事的高潮，具有极强的讽刺意味，使人久久难忘。

舞会上，迈克没有舞伴，独自呆坐着，这时一个漂亮的姑娘向他走来，他的心怦怦狂跳。

"你要跳舞吗？"姑娘很有礼貌地问道。

"是的。"迈克激动得站了起来。

"好极了，"姑娘说，"我终于可以有椅子坐了！"

姑娘的问话是铺垫，使我们误以为她将邀请迈克跳舞，但结局却出人意料，与开始的铺垫形成了强烈的反差，达到了出奇制胜的幽默效果。

有一次，一个三流的歌唱家到一个城市去参加演唱会。他高歌一曲后，台下掌声雷动，齐声高呼"再来一遍"。

歌唱家非常激动，认为自己的表演非常成功，于是又唱了一遍。谁知台下又是掌声雷动，齐声高呼"再来一遍"。接着，他又唱了第三遍、第四遍……

谁知台下照样掌声雷动，齐声高呼"再来一遍"。这时，他已经累得筋疲力尽，不得不问道："你们到底让我唱几遍才满意？"

"到唱准为止。"台下的观众齐声喊道。

开始的铺垫给我们一个错觉，认为观众是在欣赏这位歌唱家的表演，谁知结局却异峰突起，揭示了完全相反的事实，幽默效果也就自然而然地出现了。

　　有一家大公司非常看重职员的仪表，他们要求所有男职员一律不得留长头发。

　　这天，公司招聘了一批富有才干的大学毕业生，人事部主任与经理一起去给新职员们讲公司的章程。

　　由于新职员们大都留着长发，人事部主任觉得不好开口，他思索了好一会儿，终于想出了一个办法。于是他对新职员们说："我们公司对头发的长短一向是持豁达态度的，大家尽可放心。"

　　听了此话，那些原先对此颇有抵触情绪的新职员们都露出了欣慰的笑容。

　　人事部主任接着说："我们的要求是，头发的长短应该保持在我与经理之间。"

　　人事部主任留着很短的寸头，于是大家都把目光投向了经理头上。只见经理把头上的帽子摘下来，露出了一个光芒四射的光头。

　　结局的高潮是幽默的精华部分，只有出奇制胜，才能打破开始部分给大家带来的平淡印象，给大家一个突如其来的幽默冲击，让笑声骤然爆发。

突破常规，反差制造"笑"果

　　古往今来，突破常规的例子比比皆是，比如东施效颦、南辕北辙、郑人买履、买椟还珠、画蛇添足、掩耳盗铃、揠苗助长、刻舟求剑、守株待兔、邯郸学步之类的寓言故事，早已为我们所熟悉，不仅引发了我们由衷的欢笑，而且还给我们深刻的启示。

　　为什么能达到这样的效果呢？原因很简单，就在于它们突破了常规，违背了生活的常理，制造了强烈的反差。

　　1. 把不同的事物巧妙地拿来对比

　　事物之间的差异是客观存在的，但有些事物之间的差异会小一些，有些事物之间的差异会大一些，尤其是那些缺乏必然联系、不具备相同特征的事物之间的差异就更加显著。如果我们能把具有显著差异的事物拿来进行对比，幽默的效果就会非常强烈。

幽默的思维正是看准了这一特性，故意进行一些令我们难以想象的对比，把巧妙联想的功能发挥到了极致。

张三和李四去看球赛，张三突然想到了一个问题，就问李四："足球和水球都要守球门，你说哪个球门更难守些？"

李四微微一笑，回答说："依我看，没有后门的球门更难守。"

守球门和走后门完全是两件事，李四把它们硬拉到了一起，进行了对比，并得出了结论，令我们不由得笑出来，同时又有力地抨击了走后门之类的不正之风，给手握实权的人敲响了警钟。

这就是典型的幽默思维，看似答非所问，实则有力地突破了眼前的现实，把话题引到毫不相干的地方，从而制造出幽默的效果。

2. 多侧面、多角度地思考问题

要想使自己的思维突破常规，达到幽默所要求的高度，我们就必须做到从多个侧面、多个角度去思考问题。只有这样，我们的思路才会开阔，思维才会活跃，才能换个角度、换个立场来讲述眼前的事物，给人以耳目一新之感，才有可能产生幽默的效果。

有一个乡下人进了城，遇到了一个妄自尊大的城里人，城里人就想把乡下人奚落一番，于是故意问道："老乡，请问你有几个令尊？"

乡下人明知对方在戏弄自己，却故意反问："令尊是什么？"

城里人得意了，这个乡下人果然好糊弄，于是就想进一步戏弄他，说："令尊就是儿子的意思啊。"

乡下人毫不迟疑地接上他的话说："噢，我明白了，那么请问您有几个令尊？"

城里人没想到乡下人会问出这样的话来，一时间竟不知如何回答。乡下人见状，故意做出关心的样子，安慰他说："原来您竟没有儿子。我倒是有两个儿子，可以把其中的一个过继给您当令尊，您意下如何？"

城里人窘得面红耳赤，只好狼狈地溜走了。

乡下人在城里人的挑衅面前，没有恼羞成怒，没有畏缩退避，而是开动脑筋，从另一个角度找到了反击的办法，用幽默的语言使城里人知难而退，有力地维护了自己的尊严。

妙用夸张，吹出来的幽默

生活中的错谬乖讹和人的滑稽可笑之处紧密相连，须臾不离。那些具有非凡的想象力的人能使夸张这种很平常的修辞手法产生令人惊叹的高级幽默来。

荒谬的夸张几乎总能引起人们发笑，因为荒谬夸张本身包含了不协调，从而产生强烈的幽默效果。

以相声《笑的研究》为例：

甲："常言说，笑一笑，少一少。"

乙："不，应该是'笑一笑，十年少'。"

甲："一笑就年轻十岁？"

乙："啊！"

甲："你这是定期的！我那是活期的。"

乙："我们俩存款呢。"

甲："你这理论不可靠！"

乙："怎么？"

甲："那谁还敢听相声？"

乙："怎么不敢听啊？"

甲："你今年多大岁数？"

乙："四十。"

甲："笑一回剩三十，笑二回剩二十，笑三回剩十岁，说什么也不敢再笑了。"

乙："怎么？"

甲："再一笑没啦！来的时候骑车子，走的时候抱走啦！剧场改托儿所啦！"

这就是夸张。但这里的夸张不是纯粹的、荒谬的夸张。所谓纯粹、荒谬的夸张，指的是放开胆子吹牛。可以说，相声如果没有夸张，便几乎不能成为相声。而夸张也是幽默的重要基石，它能使平凡的生活琐事带上奇妙的色彩，从而产生强烈的幽默感。

天底下没有能保证令你大笑的笑话。但如果你能妥善经营故事，不过早泄露天机，那么，你的幽默还是会得到较好的反应的。

第五章

为人处世，你要学点幽默

善用幽默，能方能圆

　　白岩松是一个善用严肃幽默的人，他作为央视著名的节目主持人，不仅采访过别人，也被别人采访过。在答记者问时，他以真诚谦逊、质朴自信、机智警觉、幽默含蓄的语言风格，展示了央视名嘴的风采。

　　从白岩松的谈话中，我们能够深刻地领会到智慧和幽默的魅力。智慧性的语言带给人们的不仅仅是强大的震慑力，更有无比强悍的说服力。

　　以下是白岩松在悉尼奥运会解说工作结束，回国后的一次答记者问。从这次的巧答记者问中，我们可以清晰地感受到幽默口才的威力以及魅力。

　　记者（以下称记）：有媒体评论说，白岩松是中央电视台最火的主持人。半个月评说奥运，使亿万观众更加认可你了。你如何看待这种评论？

白岩松（以下称白）：我曾经跟朋友开玩笑说，把一条狗牵进中央电视台，让它每天在一套节目黄金时段中露几分钟脸，不出一个月，它就会成一条名狗。我在《东方时空》已经待了7年，如此而已。这没有什么值得骄傲的，相反地，给生活带来了一些不便，比如没有随便出门逛街的自由。

记者的话无疑是对白岩松的赞扬，而这种赞扬是高规格的。面对赞扬，白岩松没有沾沾自喜，更没有自鸣得意，他巧借一个比方表明了自己对这一问题的看法：一来是自谦，二来揭示自己的名气与媒体的关系，尤其是与中央电视台这种特殊媒体的关系，从而极其巧妙地把赞扬声引向了给他带来荣光、带来名气，乃至带来些许不便的地方——中央电视台。

记：最近我看到有传媒把你和中央电视台的其他名嘴作了比较，给你的打分是最高的。在强手如林的竞争中，你感觉到有对手吗？

白：事业跟百米赛有相似的地方，我跑的时候，眼睛只向着前面那条线，而绝不会去考虑对手。但人生跟百米赛还不太一样，百米赛就一条线，人生是你撞了一条线后还有另一条线，你得不断去撞，直至死亡。

记者想以事实说话，用事实来证明白岩松是最棒的，并以此引出人们对他的对手的评价以及他面对竞争对手时的态度。而白岩松答得更为精彩，他首先从对方的话中引出比方，然后寻找人生与百米赛的相同点，"眼睛只向着前面那条线"，含蓄地告诉世人：自己的心中有恒定的奋斗目标，自己所做的一切都在向心中的那个目标迈进，无须过多地考虑对手。短短的一句话，不仅显示了白岩松的自信，而且显示了他看准目标，孜孜以求的坚韧。接着，白岩松又点出人生与百米赛的不同点：百米赛的目标是单一固定的，而人生的追求却永无止境。语言是心灵的折射，听了白岩松的话，我们能不为他永不停息的精神所感动吗？

记：你到《东方时空》时，只是一个25岁的小伙子，而且一点儿电视经验都没有。第一次面对镜头，你是不是很紧张？

白：不紧张，因为我都不知道镜头在哪里。开拍前，导演告诉我，你要放松，就当没有镜头，于是我就不去想它。现在再看那次录像，还是很放松的。如今面对镜头，我感觉到的只是一种工作状态，比如，它开机了。

这是一个回顾性的问题，旨在了解白岩松的成长过程。白岩松的回答依旧保持着他一贯的风格：实话实说——"不紧张，因为我都不知道镜头在哪里"；称赞他人——"导演告诉我，你要放松"；自信务实——"我感觉到的只是一种工作状态"。整个答问过程，要言不烦，语言精练，似乎未谈自己的成长，但我们仍然能从"找镜头"到"工作状态"看到白岩松成长的足迹。

记：无论你承认不承认，你已经是一个明星，一个传媒明星。如何在明星和记者之间摆正自己的位置呢？

白：有一位年轻人曾求教于一位大提琴家："我如何才能成为一个优秀的大提琴家？"大提琴家回答说："你先成为一个优秀的人，再成为一个优秀的音乐人，然后会很自然地成为一个优秀的大提琴家。"这对我们也一样，先成为一个优秀的人，再成为一个优秀的记者或主持人。

记者的问题问得很有价值，因为对于一个明星式的记者而言这是一个必须解决的问题。白岩松并没有正面作答，他先用类比的手法来引发我们每个人对这一问题的思考，"优秀的人——音乐人——大提琴家"的三个阶段，让我们扩大了对记者所提问题的思考范围，无论是做主持人、记者还是其他工作，一个最基本的前提：首先要做一个优秀的人。这样的回答充满了睿智，它不仅让我们了解了白岩松的人生态度，而且启发我们思考一个问题：事业有成的基础和前提是什么？

记：我听到观众对你唯一的意见是，你太过严肃，不苟言笑。为什么不能在屏幕上露出一点笑意呢？

白：有不少观众说不习惯我老是一副"忧国忧民"的脸，可如果我换上一副笑容灿烂的脸是不是就习惯了呢？我以前做的节目大都是一些学生的话题，背后有太多不适于公开的背景，我笑不出来，职业病。我也曾努力笑过，但我一笑就不会说话，平常也是这样，我一笑所有的身体语言就都失去了。因此，我绝对不是故作深沉，而平常就是这样。真实是最自然的。

这是一个很有趣的话题，说它有趣，是因为观众对白岩松的银屏印象确实如此，许多观众都想知道其中的原因，可以说记者问出了许多观众想问而没有机会问的问题。白岩松的回答不但解开了观众之感，而且表明了自己的生活态度，既诙谐幽默——"老是一副'忧国忧民'的脸"，又真挚坦诚——"我以前做的节目大都是一些学生的话题"，而且机智警觉——"真实是最自然的"。这样的回答，不但让我们理解了他的"严肃"，而且在对他的"严肃"深怀敬意的同时，能对自己的生活态度做出正确的定位。

用幽默钝化他人攻击

在一个下雪天的早晨，一个长工披着一张羊皮在财主院里扫雪。财主起床后看见了，想趁机挖苦长工，于是大声说："喂，穷小子，你身上怎么长出了一张兽皮？"

长工笑颜以对："老爷，你的身上怎么长出了一身人皮？"

针尖对麦芒，长工将"兽皮"换成"人皮"，就把财主放出的恶语还给了财主自己。这位长工是机敏的，面对讽刺，他能够巧妙地回击。他虽然是一个长工，但是却不允许他人来蔑视自己的尊严。尊严，是他看重的，面对财主的挖苦，他用笑语反击，寓意犀利但方法温和，想必财主也会知趣地保持沉默。

想拥有幽默口才的人需要修炼，首先需要对幽默给予适度的重视以及必要的练习，将幽默的处世方式变成一种习惯，那么你就能在生活中真正实现无懈可击。

具有幽默本领的人往往具备敏捷的思维能力，可以将他人的讥讽幻化成为挡箭牌，钝化他人的讥讽的同时给予强有力的回击。难怪人们总把激烈的语言交锋称为唇枪舌剑呢，有时候两片嘴唇、一条舌头，比真枪实弹的威力还要大。

人生在世，就应该慢慢体悟圆融的处世之道。面对他人的不敬，应该用智慧、用口才去反驳，这样才能够驳倒他人。幽默的口才魅力恰恰在于用诙谐幽默的话语将意见清楚地表达出来，却不失威力。从下面的案例中可以身临其境地感受到幽默的魅力与威力。

苏联诗人马雅可夫斯基曾与反对他的人进行论辩。

反对他的人问："马雅可夫斯基，你和浑蛋差多少？"

马雅可夫斯基怒而不露，不慌不忙地走到那人跟前说："我和浑蛋只有一步之差。"

在场的人听了都哈哈大笑起来，那个攻击马雅可夫斯基的人只好灰溜溜地跑了。

另外，还有这样一个故事。

俄罗斯有一位著名的丑角演员杜罗夫。在一次演出的幕间休息时，一个很傲慢的观众走到他的身边，讥讽地问道："丑角先生，观众非常欢迎你吧？"

"还好。"

"要想在马戏班中受到欢迎，丑角是不是就必须具有一张愚蠢而又丑怪的脸蛋呢？"

"确实如此。"杜罗夫回答说，"如果我能长一张像先生您那样的脸蛋的话，我准能拿到双薪。"

在这里，杜罗夫巧妙地把这位傲慢观众的脸蛋同自己能否拿双薪牵扯在一起，从而幽默地回击了这位傲慢的观众。

案例中，几位主人公的为人处世之道无一例外地充满了幽默的智慧，利用幽默冲锋枪将他人的攻击消灭于无形。如果说他人的言语攻击是箭，那么幽默的口才就是在任何时候都能将利箭阻挡在外的盾牌。

顾左右而言他的幽默

在交际中，我们难免会遭遇到一些令自己或者他人尴尬的问话，比如涉及个人收入、个人生活、人际关系等的问题。面对这样一些提问，如果我们只用一句"无可奉告"来应对，那会使我们显得粗俗无礼，而且还会给提问者造成心理上的失望与不快。总之，对待这样一些古怪的问题，我们答得不好，就有可能给自己套上难解的绳索，使自己陷入十分难堪的泥淖，以致大失脸面。

如果处于这样的尴尬场合，就需要具备"顾左右而言他"的幽默语言艺术，因为它能使你面对尴尬而峰回路转，取得柳暗花明的喜剧效果。顾名思义，"顾左右而言他"是指对着身旁的人说别的话，喻指有意避开话题而用其他话搪塞过去。幽默总是让生活充满欢快的情调，让严肃变得和蔼可亲。

在课堂上，老师突然叫一名学生起来回答问题，但这名学生回答完毕后，却引来了同学们的一阵哄笑，因为这位同学回答的是前一道题，与现在的问题风马牛不相及。老师也笑了，而且笑过之后还幽默地对这名学生说："辛苦你了，快吃饭吧。"学生们听到老师如此顾左右而言他的幽默，更是笑得开怀，连那名学生也不禁笑了起来，而且在接下来的上课时间里，他一直都认真听讲。

这位老师巧妙利用了"顾左右而言他"的幽默技法，让这名学生不至于下不来台面，同时也展现了自己和蔼且幽默的态度。

顾左右而言他的幽默方法主要包括两种：直接幽默转移法和含蓄幽默言他法，又称岔换法。

直接幽默转移法，即"装聋"技巧，这是幽默处世的重要方法之一。毫无疑问，直接幽默转移法可以让你立即摆脱那个令你难堪的话题，然而有一点不足的是，这样显得十分生硬。将话题飞快转向与之毫不相干的话题，看似快速打破了为难的局面，可是心理上仍然是有阴影的。因此，我们要学会更含蓄的顾左右而言他的幽默方法——岔换法。

岔换幽默法是针对对方的话题而岔换新的话题，从字面上看是回答了对方的问题，而实质上却是不相干的两个问题。它给人的感觉通常是幽默生动、干脆利落，能显示出一种较为强硬却不失风趣的态度。

比如，有个发达国家的外交官问非洲一个国家的大使："贵国的死亡率必定不低吧？"大使接过话题就立即掷出一句："跟贵国一样，每人死亡一次。"

这位外交官的问题是针对整个国家说的，而大使岔开话题，用"每人死亡一次"作答，幽默而机智地显示了一种针尖对麦芒的强硬态度。

在幽默口才的规则中，反讽不是气急败坏的叫嚣，也不是"黔驴技穷"的狂鸣，它应该是偶尔露出的峥嵘，锐利锋芒的一现，是借助幽默垫脚石形成的一种处世方法。

自我调侃是一种淡定的幽默

人需要一种乐观、宽容的处事态度。拥有了这种处事态度，就不忌讳用幽默的方式来调侃一下自己。

调侃自己需要勇气，需要诙谐，更需要一种能超然物外的心境。能将自己塑造成一个局外人，一个旁观者，冷静地看待自己，看待以往所发生的事，方能解开那个困扰着我们却始终无法找到的心结。

英国前首相丘吉尔曾应邀到广播电台发表重要的演说。途中，车出故障了，他只好从路边招来一部出租车，并对司机说："载我到广播电台。"

"抱歉，我不能去，我正要赶回家开收音机，听丘吉尔演讲呢！"司机说。丘吉尔给了他一笔可观的小费，司机动了心，说："我还是送您吧，不去听演讲了。"

丘吉尔于是调侃地说："开车吧！去他的丘吉尔。"

作为首相，丘吉尔并没有以一种高傲的姿态去面对拒绝搭载自己的司机，他的谦逊、幽默值得学习。他没有太把自己当回事，甚至趣味十足地调侃着自己。

调侃自己，多数时候是抓住自己的短处调侃。如果用正式的口气说自己的短处，恐怕谁都不乐意，但如果用幽默的方式，则一方面避免了尴尬，另一方面还能表明自己的大度，增加亲和力。

一位矮个子学者被妻子嘲笑身材矮小。这位学者笑眯眯地说："我看还是矮点好，我如果不是一米五七，现在能够著作等身吗？如果不是我身短力小，我们的'战斗'你能场场取得胜利吗？如果不是我矮，你能很优越地说我太矮吗？"话毕，全场叫绝，众人连称"海拔不高"的人只是体积小，但智慧大，浓缩的都是精华。也有人说，既吹了自己，又捧了对方，自我调侃的作用真不小。

还有一个自嘲个子小的幽默故事。

小孙个子比较小，快30岁了还没找到女朋友。一天午饭过后，办公室里几个同事在一起聊天。同事们没心没肺地说开了："小孙啊，现在的女孩哪个能相中他！""话不能说死了，人家武大郎还娶了潘金莲呢！""哈哈，如果他能去打篮球，那该多好玩……"正在这时，里面办公室的门开了，走出一个小伙子，正是被大家嘲笑的小孙！原来他中午加班，大家的议论他都听到了。一时间，大家都十分尴尬。只见小孙不但没有生气，反而笑嘻嘻地说："是啊，我当不了篮球运动员了，可是打羽毛球你们谁是我的对手？下象棋，全公司谁下得过我？苏联第一个宇航员，千挑万选，还专门挑了个矮个子加加林，高个子还不行呢！再说了，哪天天塌下来，还有你们高个子替我顶着呢……"

小孙一席幽默的话语，使自己也使对方走出了尴尬。大家说着笑着，还有人拍胸脯说一定要给小孙介绍女朋友呢。

在这里，针对别人说的难听的话，小孙进行了一番不卑不亢的自我调侃，不仅是对同事们嘲笑的含蓄回击，而且是对自己能力和人格的肯定，幽默的话中闪着大度、自信与自尊的光芒，让人不得不产生敬意。

用模糊语言说尖锐话题

　　模糊语言作为幽默语言的表达形式，在交际中既能够淡化矛盾，又能够保护好自己。懂得幽默智慧的人总能够巧妙地用模糊语言将尖锐刺耳的话语表达出来。

　　卡耐基认为，面对比较尖锐的话题，最好使用模糊语言，给对方一个模糊的意见，或者多用一些"好像""可能""看来""大概"之类的词语，显得留有余地，语气委婉一些。

　　幽默的说话方式在借鉴这种模糊表达的同时，可以令自己的语言更有分量，即在加强幽默效果的同时，能真正达到自己的沟通目的，无论这种目的是反击还是维护自己的尊严。

　　在一些交流场合，尤其是在一些比较正式的场合，经常可以碰到一些尖锐的问题。这些问题不能直接、具体地回答，又不能不回答。这时候，说话者就可以巧妙地用模糊语言表达自己的意见，让双方都不至于太难堪。

足球明星迭戈·马拉多纳所在的球队在与英格兰队比赛时，他踢进的有一个球是颇有争议的"问题球"。据说，墨西哥的一位记者曾拍到他用手将球打入球门的镜头。

当记者问马拉多纳那个球是手球还是头球时，马拉多纳意识到，倘若直言不讳地承认"确实如此"，那对裁判简直无异于"恩将仇报"（按照足球运动惯例，裁判当场判决以后不能更改），而如果不承认，又有失"世界最佳球员"的风度。

马拉多纳是怎么回答的呢？他很是风趣地说："手球一半是迭戈的，头球一半是马拉多纳的。"

这妙不可言的"一半"与"一半"，等于既承认球是用手打进去的，颇有"明人不做暗事"的君子风度，又肯定了裁判的权威。

用模糊的语言幽默地回答尖锐的问题是一种智慧，它一般是用伸缩性大、变通性强、语意不明确的词语，从而化解矛盾，摆脱被动局面。

一个年轻男士陪着他刚刚怀孕的妻子和他的丈母娘在湖

上划船。丈母娘有意试探小伙子，就问道："如果我和你老婆不小心一起落到水里，你打算先救哪个呢？"这是一个老问题，也是一个两难选择的问题，回答先救哪一个都不妥当。年轻男士稍加思索后回答道："我先救妈妈。"母女俩一听哈哈大笑，脸上都露出了满意的笑容。"妈妈"这个词一语双关，使丈母娘和妻子都十分欢喜。

我们在听新闻发言人谈话或者看一些文件、公报的时候，常常觉得平淡无味。其实，这些语言往往蕴含着非常尖锐的意思，只是用了一些模糊化的词语，让它显得"平淡"了一些而已。比如外交部发言人在谈话中提到"宾主双方进行了坦率的会谈"，"坦率"背后的意思就是有很多争议，意见分歧非常大；再比如"应当促进双方的交流"，意思就是双方的共识太少，彼此之间有比较深的成见。这些模糊化的语言既达到了说明问题的目的，又起到了淡化矛盾的作用。

因此，尖锐的话并不一定非要用尖锐的语气来表达，用模糊的语言将尖锐的意见表达出来是一种机智，更是一种幽默的艺术。为人处世需要懂得语言的朦胧之美，有时候含糊其词显示的不是无知，而是难得的智慧。

遭遇尴尬时故说痴话

为人处世，顾全他人的情面很重要。在日常生活中，我们不可避免地会遇到很多尴尬的场面，这个时候你是保持冷静还是委屈地掉眼泪呢？

尴尬的表现形式不一样，应对方式当然也有差别。有一种很好的应对方式，就是佯装不知，故说"痴"话，好像这种尴尬从来没发生过一样。这样的幽默糊涂法，可以给自己带来好运，帮助自己实现愿望。

一家星级宾馆招聘客房服务人员，经理给应聘者出了一道题目：

"假如你无意间把房门推开，看见女客一丝不挂地在沐浴，而她也看见你了，这时候你该怎么办？"

第一位答："说声'对不起'，就关门退出。"

第二位答："说声'对不起，小姐'，就关门退出。"

第三位却幽默地回答："说声'对不起，先生'，就关门退出。"

结果第三位应聘者被录取了。

为什么呢？前两位的回答都让客人有了解不开的尴尬心结，唯有第三位的回答很幽默也很巧妙。他妙就妙在假装没看清，故作痴呆，既保全了客人的面子，又使双方摆脱了尴尬，这就是幽默处世的价值所在。

在社交场合，许多人遭遇尴尬以后，即使假装不在意，其实心里面还是会有个疙瘩，因为对每个人来说，面子都是非常重要的。所以，当别人遭遇尴尬时，你的安慰可能只会让对方感觉更没有面子。这时，故作不知、幽默地说一句痴话，让当事人释怀，才是最好的方法。

应对尴尬的幽默处世之道主要包括：

1.既来之，则安之。人在尴尬时只要稳定情绪，从容应对，就会很快走出尴尬境地的。

2.糊涂到底。在一些尴尬的场合，可以装糊涂，对于一些尴尬的问题一笑而过，幽默地把话题引到别的主题上去，这样可以保全双方的面子。

3. 智对左右为难的问题。当别人给你难题让你难堪时，千万不要紧张，要尝试运用淡定的心态以及出色的口才，以幽默的方式灵活应对别人的奚落，既悦人又悦己。

4. 可以巧借比喻，以自嘲的方式说几句取悦于人的话，既可以增加自己谈吐的风采，又可以活跃气氛。

艰涩问题，避实就虚

试想一下，在你面前放两块石头，一块是圆润的鹅卵石，一块是布满棱角的石头，你更喜欢把哪一块拿在手里把玩呢？答案可想而知，没有人喜欢将一块棱角鲜明的东西握在手中把玩，因为那会划破自己的手掌。鹅卵石则因为其圆滑的表面而受人喜欢。

幽默处世就像这圆润的鹅卵石一样惹人喜爱，只给人带来很微小的伤害，而且在不伤及他人的同时实现自我保护。因此，幽默的人更易受到人们的欢迎，幽默地说话更容易为自己解围。

我们在工作、生活中也会遇到一些问题，对那些尖锐的问题，采取断然回避的方法固然不行，"意在言外"可以说是一种较高的语言境界。表面上答非所问，实际上是以退为进。因此，可以说"避锋"是为了"藏锋"，"藏锋"是为了更好地"露锋"，这样的幽默语言自然会有较强的魅力。

避实就虚的幽默方式体现的是一种迂回的思维方法。迂回思维法指的是在解决某个问题的思考活动中遇到了难以消除的障碍时，可谋求避开或越过障碍而解决问题的思维方法，这对于工作中的创新和解决问题具有很大的启发作用。无论是在工作还是在生活中，采用闪避式回答的幽默术，可以让你的周围不再有烦恼围绕，让你的生活充满智慧的火花。

一位记者采访一位著名影星，对其简陋的住处感到不可思议，便问道："依您的身份、地位和名声，早该拥有几幢别墅，里面有最豪华的设施、最高级的轿车。可是您为什么会住在这又高又简易的单元楼里？"

这种涉及隐私的问题，一时很难说清楚，回答不好，反而会使双方感到尴尬。这位影星眉头一皱，幽默地说道："夫人，高高在上不正是我身份高贵的标志吗？"

这里，影星诙谐地将自己住的楼层之高与他的演员地位之高联系起来，这一避实就虚的回答，既避免了尴尬，又活跃了谈话气氛，显示了他的机敏与风趣。

人的世界像一片热带丛林，参差多态，有美有丑。审时度势的圆融，难得糊涂的达观，是聪明人所秉持的一贯态度。

当然，再美好的想法也仅仅是想法，一个聪明的人不应该只是个空谈家或者空想家。说话的圆融体现的是避直就曲的幽默语言艺术，通过拐个弯的方法，避开摆在正前方的障碍，走一条看似复杂的曲线，却可以尽快达到目的。这是迂回幽默语言的智慧，也是迂回思维的魅力所在。

谐音巧用，反贬为褒

谐音巧用是指利用语音相同或相近这个特点，有意识地使用语句的双重意义，言在此而意在彼。谐音巧用在于能让人把话说圆而摆脱困境，甚至化险为夷。因为许多字词在特定场合中，用本音是一个意思，而用谐音则成了另一个意思。

谐音巧用是最常用也是最具有逗趣效果的一种幽默技法。深谙幽默之道的人总是能够信手拈来，甚至能够"圆滑"地将贬义转化成褒义。巧用谐音，方可让言辞妙趣横生、妙不可言，给身边的人带来无限乐趣。

从前有个宰相，他有一个名叫薛登的儿子，生得聪明伶俐。当时有个奸臣金盛，总想陷害薛登的父亲，但苦于无从下手，便在薛登身上打主意。有一天，金盛见薛登正与一群孩童玩耍，于是眼珠一转，诡计顿生，喊道："薛登，你的胆子像老鼠一样胆小，不敢砸皇门边上的木桶。"

薛登不知是计，一口气跑到皇门边上，把立在那里的木桶砸碎了一只。金盛一看，正中下怀，立即飞报皇上。皇上大怒，立刻传薛登父子问罪。

薛登父子跪在地上，薛登却若无其事地嘻嘻笑着。皇上怒喝道："大胆薛登！为什么砸碎皇门之桶？"

薛登想了想，反问道："皇上，您说是一桶（统）江山好，还是两桶（统）江山好？"

"当然是一统江山好。"皇上说。

薛登高兴地拍起手来："皇上说得对！一统江山好，所以，我便把那只多余的'桶'砸掉了。"

皇上听了转怒为喜，称赞道："好一个聪明的孩子！"又对宰相说："爱卿教子有方，请起请起！"

金盛一计未成，贼心不死，又进谗言道："薛登临时胡编，算不得聪明，让我再试他一试。"皇上同意了。

金盛对薛登嘿嘿冷笑道："薛登，你敢把剩下的那只也砸了吗？"

薛登瞪了他一眼，说了声"砸就砸"，便头也不回地奔出门外，把皇门边剩下的那只木桶也砸了个粉碎。

皇上喝道："顽童！这又如何解释？"

薛登不慌不忙地问皇上："陛下，您说是木桶江山好，还是铁桶江山好？"

　　"当然是铁桶江山好。"皇上答道。

　　薛登又拍手笑道："皇上说得对。既然铁桶江山好，还要这木桶干什么？皇上快铸一个又坚又硬的铁桶吧！祝吾皇江山坚如铁桶。"

　　皇上高兴极了，下旨封薛登为"神童"。

　　谐音是一语双关的表现形式之一。在上面的故事中，薛登之所以能够化险为夷，就在于他巧妙地运用了谐音把话说圆了。古人有这样的智慧，现代人也并不缺少。

　　一日，小君请了两位要好的朋友到家中小坐，几人猜拳行令，好不痛快。小君掏出好烟，给两人点上，然后又给自己点上。谁知当他熄灭火柴扭头准备劝酒时，却见两位朋友拉着脸。小君一寻思：坏了！三个人不能同时用一根火柴点烟，因一根火柴点三次火的谐音是"散伙"。

　　面对这尴尬的场面，小君并没有用"对不起""请原谅"等客套话解围，他笑着说："咱们这地方都说三个人用一根火柴点烟的意思是'散伙'，我感到不对。我的解释是三个人用一根火柴点烟是三个人不分你我，是'仨人一伙'的意思。

所以今天我特意用一根火柴点三支烟，我们三人今后是一伙的，有福同享，有难同当。哥们儿，你们说对不对呀！"经小君这么一解释，两位朋友都乐了："是！我们永远是一伙的。"

小君面对尴尬的局面，毫不慌张，幽默地用谐音解释了词义，反贬为褒，不仅消除了不快，而且加深了他们之间的友谊。

有时候出错是不好掩盖的，因为欲盖弥彰。这时候需要的是打破那种不快的气氛，让大家都能够释怀。用谐音的幽默方式把话说圆，就是让大家释怀的一种方式。

第六章

人际往来，这样幽默最有效

初次见面：幽默加深第一印象

在社交场合，赢得他人好感的重要因素来自第一次见面的印象。在这个讲求效率的时代，初次见面的印象显得更加重要。心理学上说的"首因效应"，在这个时代已经成了金科玉律。也就是说，你留给别人的第一印象，很大程度上会影响这个人对你的看法。幽默作为陌生人之间最经济的见面礼，却具有最强大的震慑力。从容、淡定的幽默会给他人留下平和的记忆与友善的印象。

之所以提倡运用幽默加深第一印象，是因为"第一印象"是你在与人初次接触时给对方留下的形象特征。第一印象在人际交往中所具备的定式效应有很大的稳定性。一个人留给他人的第一印象就像深刻的烙印，很难改变。

心理学家研究发现，第一印象的形成是非常短暂的，有人认为是在见面的前 40 秒钟形成的，有人甚至认为只有 2 秒钟。在现实生活中，有时这几秒钟就可以决定一个人的命运，因为在生活节奏如此之快的现代社会，很少有人愿意花更多的时间去了解一个留给他不美好的第一印象的人。

陌生人之间的幽默在社交中占有很大的比例，毕竟在这个社会上，与熟悉的人在一起的时间总是有限的，而社会交际的根本就是要接触更多的陌生人，将更多的陌生人转化为自己的朋友，进而为自己的事业、人生开拓出一片光明的坦途。

有一次，一位漫画家到山西汾酒厂参观，与厂方负责人初次见面的时候，厂方负责人欢喜地说道："先生，久闻大名啊。您的到来，真是让我们厂子蓬荜生辉啊。"

漫画家听后则幽默地说道："可我是大闻酒名啊！"

漫画家巧妙地将厂方负责人的"久闻大名"调换了位置，变成了"大闻酒名"，用谐音的幽默技巧，将"久"与"酒"进行了巧妙的联想，在幽默中表达了自己的谦和以及真诚的一面，又对对方的酒进行了评论与赞美，可谓是妙语双绝。

有人曾经说过这样一句话，所谓城市的生活就是几百万人在一起感受寂寞。在几百万人的城市中，每一天我们都会有意无意地获得初次见面的机会。这个时候，不要让自己板起面孔，吓走将来的朋友。哪怕不是朋友，也要时刻用幽默来包装自己的心灵，毕竟幽默的人带给大家的不只是欢笑，更有内心的充实与豁达。

如果你是一个有幽默感的人，就不要吝啬幽默。著名形象设计师罗伯特·庞德曾说："这是一个两分钟的世界，你只有一分钟给人们展示你是谁，另一分钟让他们喜欢你。"所以，在与陌生人交往的过程中，你一定要好好抓住两分钟的印象效应时间，保持微笑，用一句开朗而有活力的玩笑，拉近两人的距离。

总之，形象是社交的第一印象，语言又是形象的代言人。在与人交往时，要学会说出漂亮的幽默语言，给人一种积极向上的乐观的印象，这有利于你获得别人对你的喜欢，开阔你的社交圈子。

因此，你的幽默语言必须符合以下几点：

如果你不想成为同行的笑柄的话，你的表达必须得体；

如果你不想让同行或客户鄙视的话，你的幽默必须庄重；

如果你不想让人看出你的性格或爱好的话，你的语言必须保守、得体。

幽默公关，说服助你成功

向别人提出请求是件很难的事情。不仅是你，对方也会感到有一定的压力存在。所以，幽默的语言手段对公关非常必要。彬彬有礼的幽默语言是最好的敲门砖，讲究分寸就会让人难以拒绝。

人都是情感动物，只要你能打动他，他必然会欣然应允你的请求，而适当的幽默策略会使沟通的气氛变得友好、和谐。因此，无论是什么样的请求，在提出的时候尽量幽默一些，不给对方压力，也不要使自己压抑。幽默的说话技巧让你在公关场合如鱼得水。

公关通过与人交涉来开展自己的业务，公关的成败在于口才，口才的关键在于对幽默度的把握。

某个县城的一家银行就恰恰运用了幽默的公关术，利用幽默的广告为自己的业务带来了红火的场面。

这家银行在分行即将开业的时候，在报纸上登载了一则幽默的广告，广告将银行职员的姓名与一些有趣的漫画人物结合在一起。这一下子引起了当地人的极大兴趣，争相前来观看。就在开业典礼结束后，还有很多人慕名前来，有的人甚至将报纸上的漫画人物与银行的工作人员一一进行比较。

如此一来，银行的知名度提高了，销售业绩步步高升。漫画给银行带来了效益，更确切地说，是幽默公关给银行带来了利润。

像这家银行一样利用幽默来实现顺利公关、提高知名度的例子不胜枚举。如美国的一家打字机公司就曾幽默地打出自己的广告语："不打不相识。"还有家餐厅的广告语这样说："本店征招顾客无数名，无须经验。"

幽默公关的技巧包括：

1.公关交谈，没话要找话，找话要有趣味

真正的幽默高手不会让冷场的尴尬局面出现，因为他们总是能够在适当的时候找到合适的话题来打破沉寂的场面。公关是一个公司的重要媒介，公关的幽默口才对推动商谈的进程起到举足轻重的作用。

公关人员在交谈中要没话找话说，而且要找有趣的话说，在交谈中处于积极主动的地位，从而促进商务活动的开展，实现强有力的合作。

2.幽默激将，求人将妙不可言

激将法是幽默公关中的一种战略口才，虽然没有幽默的说辞，也不会给别人带来搞笑的趣味，但是它确实运用了幽默的周旋技法来达成自己的愿望。

使用幽默激将法往往能够使对方情感冲动，从而去做一些他平常可能不会去做的事。求人时，尤其是求熟人的时候，就得学会利用一下感情，摸透对方心理，采用幽默味十足的激将法，他就会动用他的关系，尽力帮你把事办好，以显示其威力。

激将法并不是每一个人都能够运用得恰到好处的。幽默的激将法不仅仅是内在幽默生活态度的体现，更是一种圆融的说话智慧。我们要学会幽默地表达，说服他人无法说服的人，做到他人难以做到的事情。

出乎意料：幽默应"话"而生

　　现代社会是一个发展迅速、竞争激烈、优胜劣汰的社会，不少人有强烈的社交愿望，却喜欢把自己封闭起来。其实，与人交往时应该有颗幽默的"笑"心，要懂得给自己身边的人带去真诚的欢乐。如果我们互相戒备，见面只说"三分话"，这谈不上是正常的交往，正如谢觉哉同志在一首诗中写道："行经万里身犹健，历尽千艰胆未寒。可有尘瑕须拂拭，敞开心扉给人看。"幽默则是敞开心扉给人看的一把最有效的钥匙。

　　幽默的沟通之所以不同于一般的沟通，是因为它体现的是语言的技巧性。它来自思维的奇巧，借助特定的语汇、语气、表情甚至姿态。幽默语言功夫的练就主要是从幽默的创造性入手。幽默让他人印象深刻、大笑不止的关键就在于它出乎意料，但又在情理之中。也就是说，幽默的人往往联想的跨度大，但又将话语说得巧妙、合理。

钢琴家波奇在美国密歇根州的弗林特演奏时，发现全场有一半座位空着，他很失望。演出完毕，他还是大步走到台前，向听众表示谢意，并对听众说："朋友们，我发现弗林特这个城市的人都很有钱，我看到你们每个人都买了两三个座位的票。"于是，在座的听众放声大笑，使劲鼓掌。

波奇的想法令人惊奇，但却极易让人会意。当大家发现全场只坐了一半人数的时候，大家或许会为波奇觉得尴尬，然而波奇的话语却完全打消了大家的顾虑。他用极其幽默的话语表达了自己对来宾的欢迎。他不仅使自己摆脱了困境，而且赢得了听众的尊重。

在众目睽睽之下，被人泼了冷水并不一定就是丢掉了面子。其实，每一个人都有面子，都讲求自尊，然而你最珍贵的面子在于自身的生活态度以及人格魅力。

苏格拉底的妻子是一个脾气暴躁的女人。

有一天，苏格拉底正和他的学生谈论学术问题，他的妻子突然跑了进来，不由分说地大骂一通，接着又提起装满水的桶猛泼过来，把苏格拉底全身都弄湿了。

学生们以为老师一定会大怒，然而出乎意料的是，他只是笑了笑，风趣地说道："我知道打雷之后，一定会下雨了。"

　　学生们听了，不禁哈哈大笑，他的妻子也退了出去。

　　苏格拉底的幽默，首先就在于出乎人们意料之外，谁也想不到他会将妻子的大骂比作雷声，而将妻子泼给自己的冷水比成雨水，一句"我知道打雷之后，一定会下雨了"将尴尬的境况顿时扭转。学生们不会再去注意自己的老师有多丢脸，而是欣赏自己的老师居然拥有如此大的气度。

　　苏格拉底的比喻，可谓出乎意料，却又合乎情理、妙不可言，因而使学生们忍不住大笑起来。同时，学生们也感受到了这位哲学家的温柔可亲，更加尊重他们这位老师。

　　出乎意料是幽默的最基本的特质，它带给人们的往往是耳目一新的喜悦感。出乎意料的幽默语言是魅力的光环，是达观气质的表现。懂得运用"出乎意料"来给他人增添快乐，是驰骋于社交场合的必胜法宝。

玩笑自嘲：用谦逊赢得影响力

人们总抱怨说幽默很难，其实幽默很容易，只要你学会嘲讽自己，你天天都是幽默的。开个玩笑自嘲一下，没有人会笑你傻，真正傻的人是不懂自嘲的"聪明人"。

如果我们有风趣的思想，我们就可以自信地面对自己的缺点，比如不尽如人意的身高，或者不够漂亮的脸蛋，或者是不够完满的工作环境与生活状态。当你换一种角度看待自己所经历的一切，乐观地享受此刻的不快，不久之后，就会豁然开朗，发现另一片天地。因此，不妨试着在顺境的时候自嘲一番，在逆境的时候也自我幽默一把，相信好的运气就会来临。

幽默的生活态度总是能够给我们带来新的视角，总是能够让我们用一颗平常心应对生活中的苦与乐。玩笑自嘲作为一种谦逊而又豁达的生活态度，让我们在与人分享欢乐的同时，能拥有一份温暖和谐的人际关系。

自嘲是自己对自己的幽默，是消除自己在社交场合中胆怯的良方。自嘲是运用戏谑的语言向别人暴露自身的缺点、缺陷与不幸，说得直接一些，就是把脸上的灰指给对方看。俗话说得好："醉翁之意不在酒。"自嘲同样是这个道理，自嘲在社交活动中有着独到的表达功能以及实用价值。

长篇小说《围城》重版，《谈艺录》与《管锥编》问世以后，钱锺书的名声日盛，求访者愈来愈多，但钱锺书不愿意接受访问。有一天，一个英国女人打电话说要拜访他，钱锺书在电话里幽默地说："如果你吃了一个鸡蛋感觉很好，又何必认识那只下蛋的母鸡呢？"

钱锺书自比"母鸡"，虽然是有意贬低自己，却是在说英国女人没有必要来拜访他。正如人们喜欢谈论一些关于别人的笑话一样，在适当的时候，也可以拿自己开开玩笑。

一个懂得幽默自嘲的人必定是一个社交高手，是一个在与人交往时能够保持个性与乐观的人。自嘲可以用一种荒诞的逻辑，巧妙地把对自己不利的因素转变成有利因素，将自己从困境中解脱出来。

自嘲可以使人们在笑的同时，把自己的窘态忘得一干二净。

所以，巧用自嘲既可以使自己在众人中平添风采，又能在幽默、风趣、令人愉悦的情况下取得皆大欢喜的结果。

世界上最不幸的就是那些既缺乏机智又不诚恳的人。很多人常常自以为很幽默，经常喜欢拿别人开玩笑，处处表现出小聪明，结果弄得与他交往的人不敢再信任他，以前的朋友也敬而远之，纷纷躲避。

适当地拿自己开开玩笑吧，这不仅是一种机智，更是驱散忧虑、走向快乐的法宝。

以问作答：用幽默来应付对手

鲁迅说："用玩笑来应付敌人，自然也是一种好战法，但触着之处，须是对手的致命伤，否则，玩笑终不过是一种简单的玩笑而已。"玩笑是幽默的一种表现形式，而只有正面的、积极的、恰到好处的玩笑才能被归入幽默的圈子。

因此，幽默可以是玩笑，但是玩笑并不一定就是幽默。幽默可以用来维护自己的尊严，却不能用来攻击他人的尊严。

这个社会上不乏一群总喜欢用玩笑中伤他人的人，他们总是扫别人的兴，以别人的难堪为快，品质恶劣至极。我们如果刻意躲闪，反而会使自己更加手足无措，使他人得意忘形。因此，我们必须懂得幽默反击，让那些"伪君子"自惭形秽。

1988年，美国进行第四十一任总统竞选。民意测验表明：

8月之前，总统候选人杜卡基斯尚比布什多出十多个百分点。当布什与杜卡基斯进行最后一次电视辩论时，布什巧辩的策略是，抓住对方的弱点，戳其痛处，让对方陷入窘境。杜卡基斯嘲笑布什不过是里根的影子，嘲弄式地发问："布什在哪里？"布什却幽默、轻松地回答了他的发问："哦，布什在家里，同夫人在一起，这有什么错吗？"

布什的幽默与杜卡基斯的人身攻击正好形成鲜明的对比，杜卡基斯的玩笑是用来揭人之短，布什的幽默则展现出了自己的涵养。虽是平淡的一句，却一语双关，既表现了布什高尚、幽默的品质，又讥讽了杜卡基斯的风流癖好，置杜卡基斯于极尴尬的境地。

上述的幽默，只是"举隅"而已。有个成语叫"急中生智"，幽默的应变能力正是这种急中生智的诙谐表现。要在幽默中随机应变，就需要有灵敏的思维、丰富的语汇、渊博的知识和娴熟的技巧。只有掌握了各种应付尴尬局面的幽默技巧，受人责难时，才能使自己立于不败之地，才能成长为社交中的佼佼者。

有尊严的幽默才能征服人心

社交需要幽默的口才与智慧，更需要维护好自己的尊严。有尊严的幽默的重要性不言自明。俗话说人活一张脸，树活一张皮。一个人的自尊是最宝贵也是最脆弱的。因此，很多幽默高手在批评别人时，都会选择一种委婉、含蓄的方式，而不是不看场合、直言直语、大批一通。因为这样会令对方难堪至极，不但达不到批评教育的目的，日后对方也会对此心生忌讳。聪明的幽默人总是在发现对方的不足时，想办法找个机会私底下向他透露，而且批评也较为含蓄，他会将批评隐藏在玩笑中，这样就能让对方很容易地接受建议了。

所以，尊重别人，在私底下指出其缺点，既是对别人的尊重，也会赢得别人对你的尊重。

1814年，乌克兰诗人谢甫琴科出生于一个农奴之家。他后来虽然赎了身，却因写了许多革命诗歌被流放到奥伦堡草原。他为人幽默而倔强，尤其傲视权贵。谢甫琴科喜欢随渔民去划船，捕鱼后就到小店去闲坐。

有一次，他在那儿遇见一位权贵。此人和他聊了一会儿，分别时，他向谢甫琴科伸出手来，却只给了一个指头，说："当我向地位相等的人表示敬意时，我伸出双手；比我低一级的人，我伸出四个指头；再低一点的是三个指头；更低一点的是两个指头；对其他一切人则是一个指头。"

谢甫琴科幽默地笑道："我是个农民，没有官位，怎么办呢？先生，我给你半个指头吧。"说罢，他将拇指夹在食指与中指之间，露出半个指头，向权贵伸出手去。

谢甫琴科面对尊严的挑战，没有正面表现出愤慨，反而以相对温和的语言，幽默地讽刺了自傲的权贵，用自己伸出的半个指头藐视了权贵的蛮横。有尊严的幽默是一种防卫，这样可以巧妙地维护自己的尊严，并表达出强硬的态度。

爱默生曾经说过，当我们真正感到困惑、受伤，甚至痛苦时，我们会从柔弱中产生力量，唤起不可预知的威力。人立命于世，首先要自尊自重。如果在社交中遭到歧视，绝不低头，在强大的势力面前不卑不亢，这样才会赢得别人的尊重，这也是一种征服。

美国前总统威尔逊在一次竞选演讲中，遭到一个捣乱分子的挑衅。演讲正在进行，捣乱分子突然高声喊叫："狗屁！垃圾！臭大粪！"这个人的意思很明显，是骂威尔逊的演讲臭不可闻，不值得一听。威尔逊对此感到非常生气，但只是报以微微一笑，安慰他说："这位先生，我马上就要谈到你提出的环境脏乱差的问题了。"随之，听众中爆发出掌声、笑声，为威尔逊的机智幽默喝彩。

威尔逊面对他人在公众瞩目之下对他的谩骂，没有动怒，更没有做出任何反驳，他用冷静的幽默，不仅保全了自己的风度，而且更加猛烈地反击了捣乱分子的不敬言辞。因为他已经用自己的实际行动回复了捣乱分子的无理取闹，一个在如此谩骂声中都能够泰然处之的人，怎会与"垃圾"混为一谈？

自尊之心，人皆有之。人们一旦投入社交，无论他的地位、职务有多高，成就有多大，无不关心外界对自己的评价。在社交场合，无论是举止还是言语，都应尊重他人，切忌以别人的隐私、过失、缺陷等"伤疤"为笑料，当众揭丑，换取无聊的笑声。这种拿人取乐式的玩笑，不是好口才的表现，违背了幽默的本质。它虽然能表现你的"机智"，给人带来"哈哈"的笑声，但同时却让受伤害的人烦恼和怨恨，严重地影响了人际关系和正常交往。

淡定一笑：多点雅量面对嘲笑

面对他人的嘲笑，一定要有胸襟、雅量，能够幽默地面对他人的嘲笑是一种境界，同时也是一种做人的智慧。幽默所体现的正是大度与乐观的生活姿态。幽默不仅让我们感受到快乐的力量，而且能够让我们体会到人性的豁达与包容。

在社交中，受到他人的称赞与尊重固然是值得高兴与欣慰的事情，但毕竟一个人的言行举止不可能满足各种人士的"口味"。因此，人在"江湖"难免会在受到一部分人尊重的同时，受到另一部分人的嘲笑。当友善的自己遇到他人的嘲笑时，不妨多点幽默的雅量。幽默会让你看淡他人的无礼，看重自己人格的提升。

因此，幽默的社交不仅是让他人看到、听到你的幽默口才，更重要的是让人感受到你幽默的内心与大度的生活态度。

曾任美国总统的福特在大学里是一名橄榄球运动员，体质非常好，所以他在60多岁入主白宫时，仍然非常健康。当了总统以后，他仍继续滑雪、打高尔夫球和网球，而且擅长这几项运动。

1975年5月，他到奥地利访问。当飞机抵达萨尔茨堡，他走下舷梯时，他的皮鞋碰到一个隆起的地方，脚一滑就跌倒在跑道上。他站起来，没有受伤，但使他惊奇的是，记者们竟把他这次跌倒当成一个大新闻，大肆渲染起来。在同一天里，他又在丽希丹宫被雨淋湿的长梯上滑倒了两次，险些跌下来。随即一个说法散播开了：福特总统笨手笨脚，行动不灵敏。自此以后，福特每次跌跤，记者们总是添油加醋地把消息向全世界报道。后来，他不跌跤竟然也变成新闻了。哥伦比亚广播公司曾这样报道："我一直在等待着有总统撞伤头部，或者扭伤胫骨，或者受点轻伤之类的新闻来吸引读者。"记者们如此渲染，似乎想给人留下一种印象：福特总统是个行动笨拙的人。电视节目主持人还在电视节目中和福特总统开玩笑，喜剧演员切维·蔡斯甚至在节目里模仿福特跌跤的动作。

福特的新闻秘书朗·聂森对此提出抗议，他对记者们说："总统是健康而且优雅的，他可以说是我们能记得起的总统中身体最为健壮的一位。"

"我是一个活动家。"福特幽默地说，"活动家比任何人都容易跌跤。"

他对别人的玩笑总是一笑了之。1976年3月，他还在华盛顿广播电视记者协会年会上和切维·蔡斯同台表演。节目开始，蔡斯先出场。当乐队奏起"向总统致敬"的乐曲时，他"绊"了一下，跌倒在地板上，从一端滑到另一端，头部撞到讲台上。此时，每个到场的人都捧腹大笑，福特也跟着笑了。

当轮到福特出场时，蔡斯站了起来，伴装被餐桌布缠住了，弄得碟子和银餐具纷纷落地。蔡斯装着要把演讲稿放在乐队指挥台上，可一不留心，稿纸掉了，撒得满地都是。众人哄堂大笑，福特却满不在乎地说道："蔡斯先生，你是个非常非常滑稽的演员。"

面对嘲笑，最忌讳的做法是勃然大怒，大骂一通，其结果只会让嘲笑之声越来越大。要让嘲笑自然平息，最好的办法是运用幽默一笑了之。一个有幽默感的人，不会去考虑别人多余的想法，而是有风度、有气概地接受一切非难与嘲笑。伟大的心灵多是海底之下的暗流，唯有小丑式的人物才会像一只烦人的青蛙一样，整天聒噪不休！

这再次证明了幽默是一种比搞笑更出色的影响力，幽默是尴尬与拘谨的克星，幽默让一个有涵养的人懂得用雅量去面对他人的嘲笑。

在社交过程中，以讥讽应对嘲笑，只会降低自己的品格，让他人的嘲笑声再次风起云涌。多点雅量面对嘲笑，是对自己的自信，对他人的包容，是淡定和从容积淀出来的优雅。有雅量的人生，就是充满尊敬、赞扬与幽默的一生。

第七章

会幽默，就能办好难办的事

幽默道歉，谅解不请自来

几乎对所有人来说，道歉不是一件很轻松的事情，道歉会让大家感觉到难为情。如果做错了事情，就要请求他人原谅。道歉也是一门很有学问的艺术。学会幽默，道歉也会变得容易，而没有我们想象中的那么难以启齿了。试着幽默地表达自己的歉意，这不仅不会让我们觉得没有"面子"，还可以很好地解决难题。

夫妻之间，争吵犹如家常便饭。这不，老孙又跟妻子吵架了，他们相互赌气，一连好几天都互不理睬。老孙就想，自己作为男子汉大丈夫，和老婆计较显得太不大度，于是，他想了一个办法，和妻子轻松地和好如初了。

这天晚上，在睡觉之前，老孙在床头柜上放了一张字条，上面写着："孩子他妈，明天，请在早上6点钟叫醒我，我有急事需要处理。孩子他爸。"

第二天早上，老孙一觉醒来，发现已经7点了。当时他就想，妻子没有叫醒我，难道她还没有原谅我的意思，正要生气，却看到床头柜上有张字条，上面写着："孩子他爸，快醒醒，快醒醒，已经6点整了。孩子他妈。"看到这张字条，老孙再也气不起来了，不禁笑出声来，拿着这张字条跑到妻子面前，没想到妻子也笑了。

直白的道歉可以有立竿见影的效果，幽默含蓄的道歉方式同样可以赢得爱人的欣赏和认同。老孙和妻子之间这种无声的道歉方式实在是非常高明。以幽默的情景喜剧来代替干瘪乏味的语言，解决日常生活中的分歧，可谓是皆大欢喜。

马先生在外忙着做生意，所以经常会忘记太太的生日。马太太为此跟他有过好几次不愉快的经历，所以马先生便向马太太保证说以后一定记得她的生日，会给她庆祝。但是，不巧的是，马太太今年的生日，他又忘掉了。生日过了三天他才想起来。虽然如此，他还是给老婆买了一个精美的礼物，送到太太的面前，说："亲爱的老婆大人，你的样子真是太年轻了，我都没能反应过来你又长了一岁。这也难怪我记不得你的生日。"本来马太太还一直对这件事情耿耿于怀，但是看到老公为自己选了礼物，并且还说了这么会心的话，就没有了脾气，也忘记了丈夫的过失。

马先生在弥补自己过失、给太太道歉的同时，幽默地声称自己没有察觉到老婆已经长了一岁，因为自己的老婆看起来依旧那么年轻。马先生如此巧妙幽默地借机称赞马太太年轻貌美，这样的道歉，太太即使再生气，也会无力拒绝。

如果你正为自己做错了事而烦恼，想着要如何向对方道歉的话，那就尝试着施展一下自己的幽默魅力吧。因为，幽默是一种人生的态度，是一个精神的出口，是一杯生活的美酒。

如此说来，对掌握幽默本领的人来说，道歉并不是一件难事。懂得用幽默道歉，可以让人的精神世界变得丰富多彩起来，进而给人带来快乐。没有人会忍心拒绝诚挚与快乐的致歉方式，所谓"世上无难事，只怕幽默人"。

活学活用的灵性让谐趣顿生

人的一生，需要不停地学习。这个学习包括两个方面，一方面是学习文化知识，如学生们每天坐在教室里听老师讲课；另一方面则是在实践中学习，学习各种技术。学习的效果可以分成两种，一种是潜移默化式的，另一种是立竿见影式的——我们把这一种叫作活学活用。而在幽默技巧中也有一种活学活用式的幽默。

活学活用式的幽默是指在学习别人的做法时，立刻理解并掌握别人的方法，然后马上将这种方法运用到自己的实践中来。

一个吝啬的老板叫仆人去买酒，却没有给他钱，仆人问："先生，没有钱怎么买酒？"老板说："用钱去买酒，这是谁都能办到的。如果不花钱也能买到酒，那才是有能耐的人。"
一会儿，仆人提着空瓶回来了。老板十分恼火，责骂道："你让我喝什么？"仆人不慌不忙地回答："从有酒的瓶里喝到酒，这是谁都能办到的。如果能从空瓶里喝到酒，那才是真正有能耐的人。"

不花钱买酒与空瓶里喝酒一类比，就出现了针锋相对的矛盾，谐趣顿生。仆人"现炒现卖"的学习灵性，表现了仆人的智慧。

球王贝利向足球爱好者们赠送过各式各样的礼物，像明信片、手帕、袜子、护腿、球鞋、球衣等，甚至有几次他被球迷团团围住，不得不剪下头发相赠。

在一次比赛之后，有个足球俱乐部的老板挤到贝利跟前，竟然向贝利要"几滴血"。他央求贝利道："请给我几滴血吧，我要把您的血输到我的球队的中锋身上，这样会大大增强他们比赛的意志。"

贝利风趣地答道："先生，您能不能送我几滴血呢？那样就能大大增加我的财气了！"

输贝利的血能增强比赛的意志，那么输老板的血自然也就应该能增加财气了！只要前者能够成立，那么后者也应该能够成立。看来贝利不仅是球王，而且还很有"学以致用"的幽默精神。

顺势而语，幽默口舌巧做事

以最佳的方法达到最佳的目的叫作"智慧"。幽默智慧则是以最幽默的方法达到最佳的目的。

生存在这个快节奏的年代，盲目地蛮干已经不再适应当下的生活以及工作形式。这是一个说话、做事都讲求头脑的世界，因此，想要达到最佳的目的，就多发挥一下自己的思考力，寻求一个最有利的方法。幽默口才，则是在智慧的基础上生成的轻松诙谐的做事方法、说话技巧。善用幽默的人，不费吹灰之力就能够让被偷窃的东西失而复得。

这是在哈佛课堂上常会听到的一个幽默智慧故事。罗斯是闻名世界的大化学家、百万富翁。他买了很多精美绝伦的世界名画和珍贵文物，并将这些价值高昂的东西放置在宽敞的客厅里，供客人欣赏。一个小偷得知此事后，便想去偷几件。

一个深夜，他悄悄进入罗斯家中，发现室内无人，就大胆地取下了一幅价值20多万美元的名画，并抱起桌上的一件文物，正欲溜出门去。这时，一瓶酒吸引了小偷的注意。酒液清碧，散发出阵阵扑鼻的酒香。这小偷爱酒如命，马上拧开酒瓶盖，仰起脖子大口大口地喝了起来。忽然门外传来了脚步声，小偷马上放下酒瓶，夺路而逃。

警察在屋里没有发现罪犯的任何痕迹。这时，罗斯的仆人说，放在客厅里的酒少了半瓶，一定是那窃贼贪杯，喝了几口。警长乔尼听后心生一计，让罗斯马上写一份声明，在当天的晚报上登出。第二天，窃贼竟然来叩罗斯家的门了。躲在屋内的警察马上冲出去抓住了窃贼。

罗斯登报声明了什么内容，竟使小偷自投罗网？声明内容如下："我是化学家罗斯。今天回家，我发现家中桌子上绿色酒瓶里的液体被人喝了几口。那不是酒，是有毒液体。谁喝了快到我家服解药，否则两天内必有生命危险。请读者阅后相互转告。万分感谢！"

顺势而语是一种机智，"解药"成了一种巨大的诱惑，罗斯幽默地把酒液说成是毒药，造成窃贼心理上的恐惧，使窃贼回到罗斯那里寻找所谓的"解药"，自投罗网。乔尼警长抓住了人惜命胜于惜财这一点，迅速地找到了解决问题的方法。

从用智慧做事的理论中可以得知，解决问题的最佳方法往往是在耗费最少精力与口舌的情况下达到最终目的。

舞台上，在击毙敌人的一刹那，手枪竟没有响。再次射击时，仍无声音。台下的观众哗然。演员一时不知所措，他慌乱地抬起脚，朝敌人狠狠踢去。扮演敌人的演员却很幽默，只见他慢慢地倒在了地上，然后吃力地抬起了头，用微弱的声音说道："他的靴子，原来有毒！我，我真的不行了……"

观众们一阵大笑，最后演出取得了圆满成功。如果没有那位演员的幽默应变，说不定就会遭遇冷场的尴尬。幽默智慧让事情可以在意料之外得以顺利发展。

做事是一种学问，是需要用心、用脑来参透的学问。做成一件事情，离不开智慧的头脑，也离不开智慧的口才。幽默作为"丰富而深刻的精神基础"，是一个人智慧积淀的结晶，是走向成功之路的安全扶梯。

以幽默为武器，变意外为常态

生活中，时时处处充满了意外，这些意外或许会让你惊喜，或许会让你尴尬与无奈。但凡懂得幽默说话的人，都有着脱俗超群的品行与智商，而对突如其来的事情，能够淡定自若、坦然处之。

一些广受人们爱戴的幽默大家，往往意志坚定、聪明灵活、自信敢为……除此之外，他们还有俘获人心的天然利器——幽默。

幽默是许多成功人士的必备素质之一，幽默能帮助他们从无名小卒成长为叱咤风云的大人物，给他们的人格增添无限的魅力。

幽默是一种逆向与放射式的思维方法。具有幽默感的人往往具备较高的情商，幽默感强的人往往也更容易成功。原因很简单，幽默感强的人，往往具有灵活的思维与独特的思考方式，通常能够对人和事物有与众不同的见地，进而能够在与他人相处时照顾到他人的喜好与需求，尽情展现自己洒脱的一面。他们因幽默而受到更多人的喜欢与青睐，也因此能够利用幽默的说话技巧来办好难办的事情。

以"铁血宰相"称号载入史册的普鲁士首相奥托·冯·俾斯麦，是一个性格幽默的人。他非常擅用幽默的盾牌，曾多次解决棘手的问题。

有一次，俾斯麦在和一位朋友一起打猎时，他的朋友不小心陷入流沙中不能自拔。听到求救的声音，俾斯麦赶紧跑过来，可是他不仅不救他，反而还说："虽然我很想救你，可是那样我也会被拖入流沙中。所以，我不能救你。但我又不忍心看你这样挣扎，最好的办法是让你死得痛快些。"俾斯麦说完便举起猎枪。他的朋友因为不想遭到枪杀，便拼命挣扎，结果终于爬出流沙。其实，这正是俾斯麦的意图所在。

俾斯麦做军官时，寄宿在一个以吝啬出名而且非常厌恶普鲁士人的家庭中。有一天，他要求在他房间里装设一个电铃，以便在传唤部下时不用大声喊叫。可是，主人毫不客气地一口回绝了。于是俾斯麦不再说话。当天黄昏，俾斯麦的房间里突然传出几声枪响。主人吓了一跳，以为发生了什么事，他当即跑进俾斯麦的房间。当他看到俾斯麦沉着地坐在书桌前工作时，他比先前更为惊讶了。他指着放在书桌上、枪口还冒着烟的手枪问："到底怎么回事？"俾斯麦坦然回答："没什么，我只是在和部下联络罢了！"翌日早晨，他的房间便装上了电铃。

俾斯麦的幽默体现了他临危不惧的大智大勇、面对生活中的小麻烦的机警灵活。幽默让他解救了流沙中的朋友，说服了吝啬的主人，办好了很难办到的事情。

幽默不只是让人听一听笑话，放声一笑而已。幽默的伟大之处在于它能够以最快捷、最有效的方式处理我们在生活中遇到的各种意外情况。可以这样说，有幽默存在的地方就有坦然的洒脱。

直意曲说，圆融幽默易成事

圆融幽默是一种姿态，一种生存的韧性。圆融之人如"水"，遇山水转，遇石水转，"天下之至柔，驰骋天下之至坚"。水灵活处世，不拘于形，见机而动、因势而变的运行姿态是圆融的最好的诠释。幽默的机智与力量让你能够不断改变行事风格和处世策略，在整个交际生活中游刃有余。

圆融幽默能掩饰他人的错处或者保护自己的隐私。

心理学的研究表明，谁都不愿把自己的错处或隐私"曝光"在公众面前，一旦被曝光，当事人就会感到难堪或恼怒。因此，在交际中，如果不是为了某种特殊需要，一般应尽量避免触及对方所避讳的敏感区，避免使对方当众出丑。必要时可委婉地暗示对方你已知道他的错处或隐私，便可对他造成一定的压力。但不可过分，只需"点到为止"。这样既能使当事人体面地"下台阶"，又尽量不使在场的旁人觉察，这才是最巧妙的"台阶"。批评他人时，莫忘给对方备好台阶，以幽默智慧创造出和谐的生活天地。拒绝他人时，用圆融的幽默代替直言的冲撞，将不好说的话幽默地说出来。

　　约翰·辛格·萨金特，美国画家，多为上层人士作肖像画。

　　在一次晚宴上，萨金特发现自己身边坐着一位热情洋溢的女倾慕者。"哦，萨金特先生，前两天我看到了您最近的一幅画，忍不住吻了画上的人，因为那人看上去太像您了。"她动情地告诉萨金特。

　　"那么，它回吻了您没有？"画家幽默地问。

　　"什么？它当然不会。"女倾慕者干脆地说。

　　"这么说，它一点儿也不像我。"萨金特大笑了起来。

　　约翰·辛格·萨金特并没有对女倾慕者的告白直接表示出自己的看法，而是以画像的借口，委婉地表达了自己对倾慕者的态度。圆融的幽默保留了他人的情面，展现了自己的人格魅力。

　　懂得幽默的人往往都会这样不动声色地让对方识趣。有时，意外情况使对方陷入尴尬境地，外圆内方的人在给对方提供"台阶"的同时，往往会采取某些妥善的措施，及时用幽默的语言给对方的面子上增添一些光彩，使对方更加感激不尽。

另外，当直来直去不容易达到目的时，就要学会幽默拐弯。直线虽短，但难免伤人；曲线虽长，但往往能如我们所愿。幽默说话的道理亦如此。

在美国的一所大学里，一位善用圆融幽默的俄语教授在给同学们上第一堂俄语课的时候，居然带着他的一只小狗来到了课堂上。在上课之前，这位教授用俄语作为指令，让自己的小狗做了一系列精彩的表演。一个指令代表着一个动作，小狗很精彩地完成了表演，赢得了同学们的热烈掌声。

待掌声逐渐安静下来，教授指着自己的小狗对大家幽默地说道："各位同学们都已经看到了，这只小狗能够按俄语的指令一个不差地完成表演。"稍作停顿后，他又说："由此可见，俄语是很容易学会的，连一只小狗都能够听得明白，相信大家更是没有问题的。"

这位俄语教授并没有像其他老师一样，上课就对自己的学生说学习有多重要，用死板的教条来督促学生。而是借助小狗的表演来激发学生们对俄语的兴趣，同时幽默地指出了学习俄语并不是什么难事。

反向求因，乐观为人懂变通

反向求因的幽默就是要求在推理过程中善于钻空子，特别是从反面去钻空子，把极其微小的可能性当作立论的出发点。然而，在生活中有某种常态，在思维中有某种常理，人们的联想都习惯了这种常态和常理，以至一个结果出来，便会自动地联想到常见的原因。

反向求因的幽默的特点，就是把一个极其微小的可能性当成现实。虽不能否定对方提出的另一种更大的可能性，但这种类型的方法更具有喜剧性，是另一种完全否定了原来因果关系的幽默方法。

有一次，萧伯纳收到美国著名女舞蹈家邓肯的一封热情洋溢的信。

信中说，如果他俩结合，养个孩子，那对后代将是好事。孩子如果有萧伯纳那样的脑袋和她那样的身体，那将会多美妙啊！

在回信中，萧伯纳表示受宠若惊，但他不能接受这样的好意。他幽默地说："那个孩子的运气可能没那么好，如果他有我这样的身体和你那样的脑袋，那可就糟透了。"

萧伯纳在这里用的方法就是反向求因的幽默法，他从反面钻空子，把哪怕是极其微小的可能性当成立论的出发点，让对方的期待落空。在这里，萧伯纳的幽默的特点是把自我调侃（长得不好看）和讽喻他人（脑袋不聪明）巧妙地结合在一起了。

反向求因的幽默也是爱因斯坦惯用的幽默技巧。

爱因斯坦初到纽约，在大街上遇见一位朋友。这位朋友见他穿着一件旧大衣，便劝他更换一件新的。爱因斯坦回答说："没关系，在纽约谁也不认识我。"

几年以后，爱因斯坦名声大振。这位朋友又遇见他，他仍然穿着那件大衣。这位朋友劝他去买一件新大衣。爱因斯坦说："何必呢，现在这里的每一个人都认识我了。"

爱因斯坦在上面的对话中体现出来的高明之处在于，肯定相同衣着时，运用了形式上看来是互不相容的理由，以不变应万变，不管情况怎么变化，行为却一点也不变。

反向求因的幽默在人际交往中很有实用价值，它能让你在情况极端变化的情况下，找到有利于自己的理由。哪怕是互相对立的理由，也能为己所用。

这种幽默能缓和人与人之间的紧张关系，让彼此的相处更和谐。

让脑子转个弯儿来补救失言

懂幽默的人会即时驾驭自己的思维，让自己的脑子因地因时地转弯。"人有失足，马有乱蹄"，在现实生活中，即使辩才如张仪，也难免会陷入词不达意的尴尬境地，更不用说偶尔会头脑发昏，举止失当，做出莫名其妙的蠢事。虽然个中原因不同，但后果却相似：贻笑大方或引起纠纷，有时甚至难以收场。这个时候，你就得让脑子转个弯儿，巧用幽默思维化解纠纷。

美国前国务卿基辛格是一位成功的外交家。有一次，他在接受意大利女记者法拉奇的采访时，说起自己成功的外交施政时，竟夸口说道："美国人崇尚只身闯荡的西部牛仔，而单枪匹马向来是我的作风，或者说是我技能的一部分。"此番话一经报纸发表，马上引起轩然大波，连一贯赞赏基辛格的人们也对他好大喜功的轻率言论不满。然而，基辛格毕竟是基辛格，他不但沉住了气，还幽默地主动接受采访并趁机声明："当初接见法拉奇是我平生最愚蠢的一件事，她曲解了我的话，拿我来做文章罢了。"

基辛格与法拉奇之间的谈话，究竟谁真谁假，外人一下子"丈二和尚——摸不着头脑"。这便是一种转移别人注意力的幽默方法。它可以减轻失误的严重性，但在一般情况下，应用此法应该谨慎，因为它实际上是诿过于人，不到万不得已最好少用，以免损害自己的声誉，失去他人的信任。

从前，有一个云游天下的僧人，他很有智慧。一次，他来到一个地方，听说前方有一户人家从来不许别人借宿，但他还是决定去借宿一夜。

天黑以后，这个游僧就走进了这户人家。这时，他突然变"聋"了。在互相致意之后，主人急忙给他烧了茶，招待他吃了饭，然后打着手势对他说："吃了饭早点动身吧，我们家里是个能过夜的。"

游僧佯装不懂，只是瞪大眼睛看。主人用手指指门，再次请他出去。

"好，好。"游僧好像懂了，他一边说着，一边大步走到门外，把包裹拖了进来，放在西北角的柜子前。

主人又做了一个背上包裹快走的手势。游僧立即跳了起来，举起包裹放到柜子上，嘴里还说："这倒也是，里面可全是经书啊！"

主人又反复比画，要他走，他却点点头，说："没有小孩好，不会乱拿东西。我把两根木棍插在包裹的粗绳上了。"人家说东，他就说西，弄得主人哭笑不得，最后没法，只得留他过了一夜。

很多情况下，如果据理力争不成功，就不妨试试反向思维，用装聋作哑的方法去消除异议、转移话题，让他人无法推辞，从而达到自己的目的。

人们常说，一半是真，一半是假。"借口"永远是有的，就看你如何去发现，怎样去利用。时常让自己的思维转个弯，借助幽默的精髓补救失言的无奈。将自己说过的"错话"添文减字，让意思改变，是幽默改口的另一个招数；或者将自己的意愿通过另一种语言方式委婉地表达出来，就会更加容易被人接受。

摆脱两难问题的幽默术

"两难"问题就是不论你回答"是"还是"否"都可能给你带来麻烦。回答这类问题须用心，最需要幽默而机智的口才技巧。

1. 找出他人的漏洞，回避难题

在清朝末期的一次科举考试中，有一位考生的试卷做得甚是糟糕。当考官阅卷阅到最后的时候，居然发现这样一句话："我乃李鸿章大人之亲妻。"这位考生在故意拉关系的时候，误将"亲戚"写成了"亲妻"，实在可笑。

考官正好从考生的马脚出发，批语道："断不敢娶！"

上文中的"断不敢娶"有两种意思，表面上是说既然是李鸿章大人的亲妻，当然不敢娶了，而实质上是在说，对于这样的考生是不会同意录取的。考官将错就错，轻松解决了一个两难问题。

当我们面对两难问题，既不能肯定也不能否定的情况下，那就拿他人的漏洞开刀，表明自己的无能为力，这是一种机智与变通，也是一种保全自己的良方。

2. 正式场合遭遇两难，朦胧幽默为自己解围

顾维钧担任美国公使的时候，有一天，他参加各国使节团的国际舞会。和他共舞的美国小姐忽然问："请问您喜欢中国小姐还是美国小姐？"

这个问题很难回答，如果说喜欢中国小姐，就得罪了共舞的美国小姐；如果说喜欢美国小姐，那又是违心之论，并且有贬低中国小姐的嫌疑。顾维钧幽默地笑着说："不管是中国小姐还是美国小姐，只要是喜欢我的人，我都喜欢。"

针对美国小姐提出的两难问题，无论选择哪一个答案，都会让顾维钧遭受到他人的质疑。令人欣慰的是，顾维钧没有直接地做出选择，而是运用朦胧语言"只要是喜欢我的人，我都喜欢"，不仅给那位美国小姐留了情面，也保全了自己的气度。

幽默做事情，保全他人面子

我们遇事待人，应谨记一条原则：别让人下不了台阶。之所以提倡幽默做事，原因正在于此。幽默做事可以在保全他人面子的同时，实现自己的办事目的。

一句或两句体谅的话，对他人态度宽容，这些都可以减少对别人的伤害，保住别人的面子。传奇性的法国飞行先锋和作家安托安娜·德·圣苏荷依说过："我没有权利去做或说任何事以贬低一个人的自尊。重要的并不是我觉得他怎么样，而是他觉得他自己如何，伤害他人的自尊是一种罪行。"幽默做事贯穿的原则就是豁达、大度，为别人留下一丝情面，也是在为自己增添一分人格魅力。

海涅经常收到朋友寄来的诗稿。有一次，他收到一份欠邮资的稿件。他拆开一看，里面一首诗也没有，只有一捆稿纸，并附有一张小字条，上面写着："亲爱的海涅，我健康而快活，衷心地致以问候，你的梅厄。"

海涅手里拿着稿纸，猜不透这位朋友的用意。几天以后，梅厄也收到了一个欠邮资的沉重的邮包。他打开一看，竟是一块大石头，还有一张便笺，上面幽默地写道："亲爱的梅厄，看了你的信，我心里的这块石头才落了地。我把它寄给你，以纪念我对你的爱。"

海涅以彼之道还施彼身，用对方的方式来启发对方，让对方认识到自己的行为不妥，而不必用言语让对方难堪，反而因此保全了双方的面子。这正是幽默做事的内涵所在。

当一个人已经做出一定的许诺——宣布一种坚定的立场或观点后，由于自尊的缘故，他很难改变自己的立场或观点。此时你若想说服他，就必须顾全他的面子，为他铺台面，说一些有利对方的话，这也是在为自己铺路。

这是每个幽默说服者都懂得的——保全他人的面子。

即使对方犯错，我们是对的，如果没有为别人保留面子，就会在损害他人的颜面的同时失去一个朋友。因此，你要说服他人，就应该遵循这一原则：帮助别人认识并改正错误，幽默说话，保全他们的面子。

第八章

幽默有尺度，恰到好处最得体

避免幽默的误区

避免幽默的误区，是正确使用幽默的前提条件。演讲者应该避免使用使听众感到不快的幽默，尽量避免不相关的幽默，还要避免过多介绍幽默。

1. 避免使用自己不擅长的幽默

讲笑话需要具备一定的能力，讲一个很长的、复杂的笑话需要抑扬顿挫地改变语调、恰到好处地掌握时间，还要适时地插入对话和肢体语言。

讲一些自己不擅长的笑话会损害一个出色的公开演讲者的形象。另外，在讲笑话时一定要避免以下几点：

（1）忘记了笑话的可笑之处；

（2）使高潮迭起的笑话不了了之；

（3）导入或烘托不够充分；

（4）歇斯底里地为自己的笑话大笑不已；

（5）讲笑话时心不在焉，仅仅描述笑话如何好笑，本人却没有融入故事之中；

（6）笑料打开之前泄露天机；

（7）忽略关键细节；

（8）唠叨、重复性的语言。

2. 避免使听众感到不快的幽默

虽然幽默非常重要，但是令听众发笑始终只是你向听众表达良好意图的辅助手段。我们可以肯定地说，不道德、下流的和粗俗的玩笑在任何场合都会使某些人感到不快。在进行听众分析时，要学会敏感一些，修改或干脆去掉自己的演讲中那些针对妇女、同性恋或老年人的常见笑话。了解听众可以帮助你判断是否可以加入稍微有些冒险的话语。还要避免侮辱或嘲讽他人，除非你是真的要进行某种批判，而且你确信这种方式能让听众意兴盎然。

3. 避免过多介绍幽默

演讲者应该巧妙地用口头或身体信号向听众暗示演讲将转入幽默口吻。如果做不到这点，就不会出现预期的听众会心的微笑或哄堂大笑，那么还不如干脆不使用幽默。但是，相当多的演讲者都会犯讲话过程中过渡过于烦琐沉闷的毛病。

讲到一个幽默的地方，不要用如下乏味空洞的方式开头：现在我给你们讲一个真正好笑的故事，这是我表兄告诉我的。它会告诉你们我在想些什么，你们会喜欢这个故事的。

4. 避免不相干的幽默

演讲与喜剧演员的独白，两者目的有所不同。演讲中的每项材料都应该直接有助于主题的表达，幽默的材料也不例外。一连串无关紧要的笑话和故事，或者漫无目的的滑稽表演，都会使演讲偏离主题。勉强地采用过渡，插入一些不相干的笑话是在浪费时间。

那么，怎样让幽默与场合相通呢？有些故事适合在各种场合讲述，只要将里面人物的职业或环境加以改变，换成听众较为熟悉的例子就可以了。

5. 避免听众熟悉的幽默

保持故事新鲜感的最好办法是自己编故事，但是这个任务是不切实际的。我们可以参考和修改别人的故事。如果你决定借用别人的故事、笑话或睿智的话语，不要想当然地认为这些很新鲜，所以大家都会觉得很新鲜。在准备和练习演讲时，请朋友或批评者指出你的故事是否引人发笑。观察听众的反应，检验自己的故事在他们看来是否新颖。如果大部分的听众在故事讲到一半时就开始点头，或者你的故事讲完后，听众才爆发出恍然大悟的哄堂大笑，那你的演讲素材就算是通过了。

对于一个两分钟的笑话，只要你刚开口说出第一个句子，听众就知道你接下来要讲些什么，那么讲这个笑话就很难引起听众的兴趣。插一句类似于"他内心深处是个非常空虚的人"的句子只要几秒钟，也许它们会引人发笑，也许它们会使一半没有听过这些笑话的听众脸上露出微笑。但是，如果是老生常谈，即使只有一两句话，也应该去掉。比如"有那样的朋友，谁还需要敌人呢？"或者"君子协定的价值抵不上协定的纸张"，现在听起来已经过于陈旧了。

别开没有分寸的玩笑

开玩笑是人与人之间最常见的一种取乐方式。它可以活跃气氛，调节情绪，创造一种和谐、轻松的氛围，使你的语言更具魅力。但是，开玩笑必须内容高雅。如果笑料过于庸俗或玩笑开过了头，伤害了人家的自尊和感情，就会适得其反。所以，开玩笑一定要注意场合，把握尺度。

有一次，美国总统里根到国会去参加一个会议。开会前，为了试一试麦克风是否已接通，他便信口开了一个玩笑，说："先生们请注意，五分钟后，我将对苏联进行轰炸。"

一语出口，全场哗然。后来，苏联针对此事提出了强烈抗议，搞得里根很难堪、很狼狈。

由此可见，开玩笑过度会造成无法挽回的后果。

当然，开玩笑还要看对象，因为每个人的性格、身份、心情不尽相同，对玩笑的承受能力也不同。所以，一个玩笑，你可以对此人开，却不可对彼人开，这也是开玩笑的一门学问。

一般来说，男性不宜同女性开玩笑，下属不宜同上司开玩笑，晚辈不宜同长辈开玩笑，正常人不宜同残疾人开玩笑。即便可以开一些玩笑，也只能限于逗笑之类，而且要包含尊敬、褒扬，不能放肆、轻佻。切忌揭人之短，否则对方会认为这是一种有意的羞辱，从而造成恶言相向的局面。

总之，开玩笑应是善意逗乐，促进彼此的感情交流，而不是恶意的取笑，占对方的便宜。所以，开玩笑时一定要把握好分寸，这样才能真正成为沟通高手。

幽默要恰到好处，玩笑要合乎分寸

幽默的效果并不总是好的，你必须认清对象、把握时机，并使分寸恰好保持在"不轻不重、不多不少"的程度。如果你在不当的场合开了不合分寸的玩笑，不仅会引发事端，还可能会酿成大祸。

我们要想幽默取得好的效果，一定要把握好幽默的场合、时机和分寸。语言的威力非常微妙，同样的话在不同的场合、时机说出来，会收到截然不同的效果。幽默的语言尤其如此。

得克萨斯州是美国南方最大的一个州，是美国重要的粮食产地。卡特任总统时，得克萨斯州曾遭遇大旱，他亲自前往视察。凑巧的是，就在卡特总统的飞机降落前，大旱的得克萨斯州竟然下起了雨。卡特踏上机场跑道以后，微笑着对聚集在跑道上欢迎他的农民们说："我知道，我这一来你们或许向我要钱，或许向我要雨。我拿不出钱来，就只好把这场大雨给你们带来了！"

卡特总统在飞往得克萨斯州时，或许正绞尽脑汁地准备自己的演讲稿。但当他发现及时雨到来时，连忙抓住时机适当地开了个小玩笑，不仅活跃了现场的气氛，更拉近了和民众的距离。这样的时机可谓是"机不可失，时不再来"，一旦错过时机，或者换在其他场合，这个温馨俏皮的小幽默恐怕就变成真正的冷幽默了。

如果你是个幽默新手，在开口幽默前要注意看清周围的情势。当别人正在专心致志地学习和工作时，你的幽默可能会影响别人；在一些悲伤凝重的场合，如葬礼上，你不能随便开玩笑，对方需要的是安慰和帮助，这时和人家开玩笑，会让对方认为你是幸灾乐祸；在庄重的集会或公众场合，你也尽量不要打趣逗笑。如果肚子里有戏谑的玩笑话，你一定要考虑清楚，没有把握还是不说为妙。如果不吐不快，那就找个轻松、愉悦的氛围开口。

打个比方，你刚刚学会一个很有趣的笑话，什么时候讲出来效果最好呢？最安全有效的做法就是在餐桌上或者周末聚会时，对同学、朋友或者老同事讲。这时大家神经放松，会很乐意对有趣的笑话做出回应。这样不仅可以调节气氛，还能为你建立随和、亲切的好形象。

如果你身边是些不熟悉的人，就别轻易乱开玩笑。为了避免自己的幽默引起误会，在开玩笑前可以先打个招呼说："嗨，下面我要开个玩笑。"然后才讲话。这样的穿靴戴帽是很必要的，因为提前打个招呼能使对方有心理准备，不会把玩笑和严肃的话题混淆，也能避免伤害到对方。若对场合时机没把握，或者幽默内容不安全，如此尝试一下也是不错的。除此以外，你还要注意幽默的分寸，哪怕你有再多的幽默细胞，也别滔滔不绝地说个没完没了。总是以自己为中心难免会让别人感到不快或受冷落，甚至还可能会让人误会你想表现自己。

幽默有伤人的可能，玩笑也要有规则

幽默的人一般都心怀善意，他们只不过是要多给人增加一份快乐而已。幽默作为一种特殊的语言艺术，可给人们带来笑声，让人们体味到另一种生活。在那些恰如其分的幽默面前，人们笑得开心，更活得开心。

但幽默也有伤人的可能，其界限是耐人寻味的。开玩笑时，必须记住它可能会伤人，要小心翼翼，不能踏错一步。否则，一步走错，全盘皆输，得不偿失。

如女人开男人的玩笑时，最应注意的也许是自尊心的问题。自尊心是不容人刺伤的，所以若是要开玩笑，应尽量开自己的玩笑。

万一说了过分的话，一定要诚心诚意地道歉，不能够就此放任不管。相反，当自己被开了过分的玩笑时，一定要当作开玩笑而已，否则对方也不好意思。遇到这种事时，胸怀千万要宽广。

开玩笑的规则有：

第一，注意格调。玩笑应该有利于身心健康、增进团结，应摒弃低级趣味。

第二，留心场合。按照中国人的习惯，正规场合一般不宜开玩笑。彼此不十分熟悉或生人和熟人同时在场，不宜开过分的玩笑。

第三，讲究方式，也就是要因人而异。对性格开朗、喜欢说笑的人，开些"国际玩笑"也无妨；而对性格内向、少言寡语的人，一般不要过分地开玩笑。

第四，掌握分寸。俗话说，凡事有度，适度则益，过度则损。幽默也不可太过分。

第五，避人忌讳。忌讳是因风俗习惯或个人原因等，对某些言语或举动有所顾忌。几乎每个人都或多或少地有自己的忌讳，所以，开玩笑时一定要小心避之。

下面介绍一种幽默方法，它会保全你的面子与自尊，给你许多安慰。

暗示幽默法，即表达自己的看法时，不是通过直说，而是通过种种可能进行曲说，并达到幽默效果的方法。曲说可理解为从各个侧面说。

暗示幽默法广受人们喜欢，其原因在于它在多个方面对人们进行了照顾、安慰，比如面子。如果有人在某些方面伤害了你，你用露骨的方法去刺激他，不论他是对是错，他的面子后的自尊都是不容被伤及的。一旦伤了自尊，那么仇恨、报复就由此产生了。如果运用暗示幽默法来解决，既能照顾他的面子又能达到沟通的目的。一方面他会知难而退，另一方面他会因你照顾了他的面子而钦佩和感激你。

暗示幽默法能广泛地用于生活的各个方面，帮助我们走出困境。请看这个幽默故事：

有一对夫妇，丈夫做错了一件事，妻子不但不理解，反而更加唠叨，令人生厌。于是，丈夫火气十足地说："请别这样唠唠叨叨了好不好，不然，我要在桌子上痛打十巴掌了。"

"关我屁事，打呀，打。"想到痛的不是她自己，妻子反而火上浇油。

"但是，"丈夫道，"经过这十巴掌的锻炼，第十一巴掌打在肉上可就有些功夫了。"

妻子的唠叨声戛然而止。

在这个幽默故事里，丈夫打了桌子十巴掌，第十一个巴掌打在什么地方，就是一种暗示。这种暗示包含了如下意思：我心里很火、很烦，需要理解和清静。现在我得不到这些，反而遭受另一种折磨，我有点忍无可忍了。为此，你最好住口，否则就别怪我不客气了。"功夫"一词，则承担了幽默的任务，这就是暗示幽默法。

当然，也有极少数人利用幽默的形式专讲刻薄话，既伤人又伤己。他们专门去伤害别人的自尊心，毫不在乎地讲出对方所"耿耿于怀"的话，例如有关别人的命运、生长环境、双亲在社会上的地位等的话语。

这个世上本来就有很多不幸的人，一生下来就承受着各种苦难。他们身不由己，命运根本由不得他们来选择。因而，凡是有怜悯之心的人都不应该以他们的苦难为话题。事实上，这也是与人交往时必须注意的一种礼仪。

然而，还有人毫不在意地使用伤人的言辞。当着别人面说伤人的话是非常不好的。

假如你有心的话，就不难察觉到有些字眼是极为伤人的。我们不妨设身处地地想一想，如果自己被如此对待，心里将有何种感觉呢？这个问题实在有深思的必要。

对不熟悉的人切勿乱开玩笑

有的人喜欢开玩笑，以此来活跃气氛，消除双方之间的陌生感，这确实是一种与人建立融洽关系的有效方式。但是，也有不少人在初次见面时与对方开玩笑，试图消除陌生感，却适得其反。其实，玩笑是不能随便开的，尤其是面对自己不了解、不熟悉的人，更不能随便与对方开玩笑。因为稍有不慎、把握不当，不仅不能缓和气氛，还会给双方关系造成难以弥补的裂痕，从而导致人际关系的破裂。因此，你在不了解对方的时候，不要随意与对方开玩笑。

我们不可否认玩笑的重要作用，如果你把握得当，它在很多时候都能够活跃气氛，缓和初次见面的紧张感和生疏感。但要选择合适的时间、合适的环境以及合适的对象，它才会产生锦上添花的作用。相反，如果你与一个自己不了解的人随意地开玩笑，免不了会被误解，从而伤害到对方，严重者会给自己带来难以预料的后果。

　　刘备进入蜀地之后，曾与益州的刘璋在富乐山相会，当时正好碰到了刘璋的部下张裕。刘备见张裕满脸胡须，就开玩笑说："我老家涿县，姓毛的人特别多，县城周围都住满了毛姓人家，涿县县令感到奇怪，就说：'诸毛为何皆绕涿而居呢？'"在这里，刘备巧借"涿"指代"啄"，意在取笑张裕那张被一脸黑毛遮住的嘴巴。

　　不料张裕回敬道："从前有个人先是任上党郡潞县县令，后来又迁至涿县做县令。辞官回家后，有人想给他写信，可在称呼上却犯了难，一时不知称他为'潞长'，还是'涿令'，最后只好称他为'潞涿君'。"在这里，张裕也巧妙地借此取笑刘备脸上无毛，立即引得哄堂大笑。当时，他们二人不过是开个玩笑，张裕并不在意这件事，但刘备却因自己落了下风而一直耿耿于怀。

　　后来张裕投到刘备麾下，刘备因张裕出言不逊，加上他恨张裕泄漏天机，便要杀张裕。诸葛亮请刘备宣布张裕罪状，刘备竟说不出什么理由来，竟称："芳兰生门，不得不锄。"

张裕对刘备一点都不了解，就用玩笑回敬，哪晓得刘备一直因自己处于下风而耿耿于怀。张裕最终因此而丢了性命。

因此，与对方开玩笑要选择合适的场合，不能随便在任何场合开玩笑。比如，在一些庄重的集会或重大的场合就不适宜与对方开玩笑，还有一些有着浓厚悲伤氛围的场合，也不应该与对方开玩笑。在这样的场合，如果你与对方随意开玩笑，只会增添对方的不悦情绪，进而使对方对你没有任何好感。因此，开玩笑需要选择合适的场合，必须在双方都心情愉悦的情况下，你的玩笑才能够发挥作用。

当我们与陌生人交谈的时候，为了消除双方之间的陌生感，开适当的玩笑是可以的。但是，在互不了解的情况下，开玩笑需要慎重，既要选择合适的场合，也需要考虑到对方的性格特征、对方当时的情绪。除此之外，我们还需要把握好玩笑的内容，确保内容健康、情调高雅。当你把这些因素都考虑周全了，与对方开适度的玩笑，才会为你的形象加分。

每个人都有各自不同的性格，有的人活泼开朗，有的人爽快豁达，有的人比较内向，有的人则比较敏感。我们在开玩笑时要因人而异。如果对方的个性比较开朗，就可以适当地开玩笑来活跃气氛；如果对方比较敏感，就不宜开玩笑，否则有可能会伤害到对方。另外，对女性来说，开玩笑要适度；而对于老人来说，更要慎之又慎。总之，开玩笑要以不伤害对方的自尊心为前提，因为开玩笑的目的是营造轻松愉快的谈话氛围。

一般而言，玩笑是人际交往中的润滑剂，能够拉近交往双方的心理距离，能够活跃气氛、化解尴尬。如果你能够在交际中恰当地运用这一技巧，就会使自己成为交际中的高手。

走出误区，享受幽默

幽默风趣是一种美，是一种享受。但如果是进入误区的幽默风趣，那就不美，也不是享受，会给别人一种难受的感觉。哪些属于幽默的误区？

1. 故作幽默

不会幽默就学习幽默，不能幽默就不要幽默。为了幽默而幽默，故作幽默状，强求的幽默，实际上达不到幽默的效果，反而会弄巧成拙，带来不好的后果。

2. 低级庸俗

低级庸俗的幽默包括粗俗的、低级趣味的和黄色的幽默。

3. 不合时宜

不合时宜主要指不分时间、不分场合、不看对象。

哥伦比亚商学院李尔教授这样说："在办公室里，如果你想开玩笑的话，别忘了先估计一下冒险获利率。感到犹豫不决的话，最好还是闭上嘴巴。"不合时宜的幽默是不可取的。幽默风趣要会用，要懂得如何运用，宜用则用，注意分寸，否则，滥用幽默就会进入误区，产生负面影响。

在法国，将60多岁的老人称为"年轻人"是一种幽默，但在另一些国家，就可能会造成不必要的麻烦。

还有，作为老板，在开除员工或者下属紧急求见时，不要摆出一张嬉皮笑脸的姿态，这是不合时宜的。另外，有一项针对人事主管的调查显示，88%的受访者认为，幽默感是极有利的录用条件。

4. 讽刺弱者

对贫穷的人进行讽刺和嘲笑，用残疾人的身体短处作笑料，都是不可取的。

5. 一味讥讽

生活中不是不能幽默，但不要把自己的快乐建立在别人的痛苦上，不要把自己的幽默建立在别人的伤口上。

幽默的精神不在于报复无理的人，而是要化解纷争，让自己多一些朋友而不是多一些敌人。人与人还是多一些宽容式的幽默为好，少一些讥讽式的幽默，不要以讥讽他人为乐事。是不是讥讽很好判断，关键要知道在什么场合，对什么人。

6. 一味搞笑

幽默与搞笑的关系：幽默总是与搞笑联系在一起的，幽默可以使人们笑得很开心、笑得前仰后合、笑得泪流不止。但是，幽默不等于搞笑，而且幽默也不能一味搞笑。

幽默并不仅仅是讲笑话，幽默比笑话更有深度，产生的效果比笑话更好，比哈哈大笑或咧嘴一笑更能得到回报。幽默也不一定都要引人发笑，虽然它通常用笑来帮助大家把幽默散播出去。幽默的目的并不是笑，而是人们在笑过后所感受到的深刻哲理和启迪，也就是说，幽默的真正目的藏在笑的背后。幽默与一般的笑话不同，主要体现在它给人一种美感，一种美的享受。它是一种意境之美，含蓄之美，喜剧之美。

7. 错误导向

错误导向是指幽默中含有与生态环境、政治性、生理性等相悖的成分，这样的幽默是要避免的。

另外，还有过度地揭露社会阴暗面，导致人们对抗社会、对抗领导、对抗团队、对社会失去信心的幽默，这也是幽默的误区，也是不可取的。

8.贬低丑化

有一些段子不是不可以说，只是要看是什么样的段子，它起什么样的作用。在国际上，政治笑话的作用是不同的。如果一些政治笑话的段子是丑化领导的，就是不可取的。再者，丑化劳动人民的段子也是不可取的。丑化领导和人民，不仅不幽默，反而没有美感。真正的幽默应该是真善美的。